求义存利

企业志愿服务运作模式与最优实践

严 威 闫 英 编著

中国广播影视出版社

图书在版编目（CIP）数据

求义存利：企业志愿服务运作模式与最优实践 / 严威, 闫英编著. ——北京：中国广播影视出版社, 2019.7（2025.2重印）

ISBN 978-7-5043-8315-0

Ⅰ.①求… Ⅱ.①严…②闫… Ⅲ.①企业－志愿－社会服务－研究 Ⅳ.①C916.2

中国版本图书馆CIP数据核字(2019)第109992号

求义存利：企业志愿服务运作模式与最优实践
严威　闫英　编著

责任编辑	毛冬梅
封面设计	文人雅士
出版发行	中国广播影视出版社
电　　话	010-86093580　010-86093583
社　　址	北京市西城区真武庙二条9号
邮　　编	100045
网　　址	www.crtp.com.cn
电子信箱	crtp8@sina.com
经　　销	全国各地新华书店
印　　刷	三河市同力彩印有限公司
开　　本	710 毫米 × 1000 毫米　1/16
字　　数	200（千）字
印　　张	12.5
版　　次	2019年7月第1版　2025年2月第2次印刷
书　　号	ISBN 978-7-5043-8315-0
定　　价	69.80元

（版权所有　翻印必究·印装有误　负责调换）

目 录

前 言 ……………………………………………………………… 1

| 第一部分　研究报告 |

第一章　研究背景 ………………………………………………… 3
第二章　研究设计 ………………………………………………… 7
第三章　企业志愿服务的模式及现状 …………………………… 9
　一、志愿服务是企业社会责任的重要组成部分，
　　　企业志愿服务逐渐成为常态 ……………………………… 9
　二、企业志愿服务的组织管理工作多由企业党团组织承担，
　　　负责人多为兼职 …………………………………………… 10
　三、企业志愿服务水平因企业性质、规模及所属行业而存在差异 …… 11
　四、青年员工是企业志愿服务的主体力量，丰富生活、
　　　开阔视野是主要动因 ……………………………………… 12
　五、企业志愿服务内容多样，以基础志愿服务为主 ………… 13
　六、企业志愿活动服务对象多为次要利益相关者 …………… 17
　七、组织推动、项目推动、管理推动为主要发展模式 ……… 20
　八、活动资金紧张和调动员工积极性是组织志愿服务活动时的
　　　普遍难题 …………………………………………………… 24
第四章　企业开展志愿服务的动因 ……………………………… 25
　一、履行企业的社会责任 ……………………………………… 25
　二、党团建设的工作要求 ……………………………………… 27

三、来自利益相关者的外部压力·················29
　　四、公司长远利益的需要·····················29
第五章　志愿服务对企业的影响及其机制···············31
　　一、提升品牌形象，助力企业文化················31
　　二、建立、促进与企业、政府的联系，获取社会资本········32
　　三、员工多方面提升，展现组织公民行为·············35
第六章　企业志愿服务中存在的问题··················39
　　一、志愿服务重视不足，共赢意识有待提高············39
　　二、基础志愿服务居多，业务关联度低··············40
　　三、多数企业志愿服务合规性不够················41
　　四、缺乏良好的设计、规划和组织················42
　　五、缺乏保障、激励、评估等措施················42
第七章　提升企业志愿服务效果的对策与建议··············44
　　一、志愿服务与企业战略相融合·················44
　　二、配备管理队伍，完善管理流程················50
　　三、做好长短期规划，兼顾社会效益与经济效益··········51
　　四、探索技能及专业志愿服务，加强创新·············54
　　五、设计适合员工的保障措施和激励、反馈机制··········55
　　六、充分开展企业内外合作，解决资源资金难题··········57
　　七、借助技术手段，建立统一的企业志愿服务平台·········58
　　八、政府部门做好沟通和引领工作，搭建合作平台·········62

| 第二部分　访谈实录 |

富士康｜予人玫瑰，手有余香················67
　　◎党团管理，员工参与·····················68
　　◎爱在路上，与您同行·····················70

◎努力将志愿服务与专业知识相结合⋯⋯⋯⋯⋯⋯⋯⋯⋯⋯⋯72
◎细致规划，收获颇丰⋯⋯⋯⋯⋯⋯⋯⋯⋯⋯⋯⋯⋯⋯⋯⋯73
◎在合作中互相学习⋯⋯⋯⋯⋯⋯⋯⋯⋯⋯⋯⋯⋯⋯⋯⋯⋯75
◎资金困难，不懈努力⋯⋯⋯⋯⋯⋯⋯⋯⋯⋯⋯⋯⋯⋯⋯⋯77

京东方 | 青年奉献，产业报国⋯⋯⋯⋯⋯⋯⋯⋯⋯⋯⋯⋯⋯⋯80
◎助老助幼，旧物捐献⋯⋯⋯⋯⋯⋯⋯⋯⋯⋯⋯⋯⋯⋯⋯⋯81
◎志愿14年，源于最初的激励⋯⋯⋯⋯⋯⋯⋯⋯⋯⋯⋯⋯⋯88
◎活多人少，经费有压力⋯⋯⋯⋯⋯⋯⋯⋯⋯⋯⋯⋯⋯⋯⋯93

赛升药业 | 真情服务，温暖人间⋯⋯⋯⋯⋯⋯⋯⋯⋯⋯⋯⋯⋯95
◎结缘消防队，由服务到互助⋯⋯⋯⋯⋯⋯⋯⋯⋯⋯⋯⋯⋯95
◎留心生活，热心公益⋯⋯⋯⋯⋯⋯⋯⋯⋯⋯⋯⋯⋯⋯⋯⋯99
◎在真情服务中成长⋯⋯⋯⋯⋯⋯⋯⋯⋯⋯⋯⋯⋯⋯⋯⋯103
◎志愿服务不断完善⋯⋯⋯⋯⋯⋯⋯⋯⋯⋯⋯⋯⋯⋯⋯⋯106

永康公寓 | 合作共建，水涨船高⋯⋯⋯⋯⋯⋯⋯⋯⋯⋯⋯⋯109
◎五站合一做大事⋯⋯⋯⋯⋯⋯⋯⋯⋯⋯⋯⋯⋯⋯⋯⋯⋯110
◎发挥专业特长，合作才能共赢⋯⋯⋯⋯⋯⋯⋯⋯⋯⋯⋯114
◎给青年一个可以圆梦的家⋯⋯⋯⋯⋯⋯⋯⋯⋯⋯⋯⋯⋯116
◎爱心汇聚，共建联盟⋯⋯⋯⋯⋯⋯⋯⋯⋯⋯⋯⋯⋯⋯⋯118
◎走出去，引进来，再创新⋯⋯⋯⋯⋯⋯⋯⋯⋯⋯⋯⋯⋯121

中建二局 | 聚是焰火，散也似星⋯⋯⋯⋯⋯⋯⋯⋯⋯⋯⋯⋯125
◎既有志愿，也有任务⋯⋯⋯⋯⋯⋯⋯⋯⋯⋯⋯⋯⋯⋯⋯125
◎是压力，是责任，也是动力⋯⋯⋯⋯⋯⋯⋯⋯⋯⋯⋯⋯129
◎关爱留守儿童，亲情呼唤安康⋯⋯⋯⋯⋯⋯⋯⋯⋯⋯⋯130
◎有责任心，工作也会尽力⋯⋯⋯⋯⋯⋯⋯⋯⋯⋯⋯⋯⋯133
◎人员分散是最大的困难⋯⋯⋯⋯⋯⋯⋯⋯⋯⋯⋯⋯⋯⋯135

可口可乐 | 我们在乎，源于本身 ············ 137
- ◎ 第一家拥有志愿服务队的装瓶厂 ············ 138
- ◎ 做与业务相关的志愿活动 ············ 141
- ◎ 一切源于我们在乎 ············ 145
- ◎ 把志愿活动品牌化 ············ 148

北京奔驰 NGCC 工厂 | 平凡坚守，爱与担当 ············ 151
- ◎ 从参与者成长为组织者 ············ 151
- ◎ 丰富生活，开阔视野 ············ 153
- ◎ 经验略显不足 ············ 155

亦庄控股 | 资源整合，彰显特色 ············ 158
- ◎ 资源整合的大联盟 ············ 159
- ◎ 各有特色的志愿活动 ············ 162
- ◎ 志愿服务日渐规范 ············ 167
- ◎ 希望能做"大公益" ············ 169
- ◎ 什么才是好的志愿活动 ············ 170

京东 | 赋能公益，价值共创 ············ 172
- ◎ 快递小哥第一时间参与救灾 ············ 172
- ◎ 志愿服务具有战略意义 ············ 175
- ◎ 员工成长，公司受益 ············ 179
- ◎ 物爱相连，赋能公益 ············ 181
- ◎ 是问题，也是机会 ············ 185

参考文献 ············ 188

前 言

进入新时代以来，我国的改革开放步入了一个新的历史阶段，人民日益增长的美好生活需要和不平衡不充分的发展之间的矛盾成为社会的主要矛盾。着力解决好发展不平衡不充分的问题，大力提升发展质量和效益，更好地满足人民在经济、政治、文化、社会、生态等方面日益增长的需要，更好地推动人的全面发展和社会全面进步，成为时代的要求。在这一背景下，人们对企业家的使命与角色也有了更新的认识，对中国企业和企业家所承担的社会责任也提出了更高的要求。

近半个世纪，企业社会责任一直都是管理学界的热门话题，争论的核心是两大问题：第一，企业为什么要承担社会责任？第二，企业应该在多大程度上承担社会责任？围绕这两个问题，人们对企业的性质和作用展开了全方位的思考。人们逐渐达成共识，认为企业不应只关注股东的利益，还需对界定清晰的利益相关者负有社会责任。这些利益相关者包括企业的股东、员工、供应商、消费者等交易伙伴，也包括政府、社区、媒体等相关群体，甚至还包括自然环境、生态物种等受到企业经营活动直接或间接影响的客体。企业追求的是利益相关者的整体利益，而不仅仅是某个主体的利益。受这一共识的驱动，越来越多的企业开始主动承担社会责任，并把企业社会责任与日常经营管理活动结合起来，追求企业经济目标和社会目标的平衡。

中国社会自古以来就有乐善好施、扶危济困的慈善传统，这种慈善传统逐渐演变为当今企业的志愿服务行为。志愿服务作为企业承担社会责任的一种重要形式，是指志愿者、志愿服务组织和其他组织自愿、无偿地向社会及他人提供公益服务。小到一个企业，大到一个国家，其志愿服务的规模和水平很大程度上反映了其经济活力和文明进步的程度。尤其是近年来，我国慈善和志愿服务的制度环境不断改善，2016年9月《中华人民共和国慈善法》及2017年12月《志愿服务条例》的正式实施，更标志着我国志愿服务正式上升为国家战略，成为推动我国社会事业发展的重要组成部分。

面对新趋势新机遇新挑战，企业志愿服务也需要新理念新模式新举措。中国传媒大学经济与管理学院联合北京经济技术开发区共同组建了研究团队，对新时代的企业志愿服务进行了全面深入的研究，并将研究成果汇集成此书。全书的整体结构分为两个部分：第一部分为研究报告，探讨了企业志愿服务的现状、模式、动因，剖析了其对企业的影响机制及存在的问题，给出了企业提升志愿服务效果的对策建议。第二部分为访谈实录，完整记录了研究团队对富士康、京东方、赛升药业、永康公寓、中建二局、可口可乐、北京奔驰、亦庄控股以及京东9家代表性企业志愿服务工作人员的深度访谈，真实再现了中国企业志愿服务的成绩、困惑和思考。

全书力图借助这一框架安排，帮助读者对企业志愿服务形成较为完整的认识。一方面，读者能够从理论的高度，扎实全面地掌握企业志愿服务的现状和问题，尤其是对新时代如何开展企业志愿服务形成准确认知；另一方面，通过生动鲜活的访谈，更好地重现代表性企业志愿服务的场景，从而帮助读者更好地代入个人感受，形成对志愿服务的深刻体验和洞察。

此外，本书中间还穿插了研究团队梳理出的9个志愿服务最优实践，分别是：京东方"衣旧暖心"、京东方"唤醒沉默星球"、京东公益基金会、永康公寓"亦家园"党建工作站、永康公寓"亦家园"爱心联盟、可口可乐"净水24小时"、可口可乐"520计划"、京东"物爱相连"公益平台、京东公益救灾模式。这些最优实践可以帮助广大读者进一步了解志愿服务的前沿实践，打开志愿服务的工作思路。

在成书之际，首先要感谢北京经济技术开发区党群工作部以及9家代表性企业对整个研究工作给予的帮助和支持；其次，要感谢研究团队成员张明华、王晶、吴忻冉三位同学的努力工作，尤其是张明华同学在本研究中展现出了良好的科学研究能力和团队领导能力；最后，对中国广播影视出版社在本书编辑和出版过程中所做的各项工作也深表谢意。

严 威

中国传媒大学经济与管理学院

2018年11月

第一部分

研究报告

第一章 研究背景

从"乐善好施"的千年古训到"助人为乐"的雷锋精神,志愿服务已经从传统慈善思想逐渐演变成当今社会的普遍的社会行为,是现代社会文明进步的重要标志。根据《志愿服务条例》,志愿服务是指志愿者、志愿服务组织和其他组织自愿、无偿向社会或者他人提供的公益服务。一般而言,志愿服务具备以下基本特征:(1)通常是一种相对长期的行为;(2)是一种有计划的活动,而非突发行为;(3)是一种非义务的帮助行为;(4)发生在组织环境之内。2016年,联合国大会第70届会议决议通过决议,"将志愿服务纳入和平与发展工作,下一个十年及其后的行动计划"。一个国家的志愿活动参与水平很大程度上反映了一个国家或地区的社会发展水平和真实进步程度,其突出的社会效益受到越来越多国家政府的重视。

近年来,我国密集出台的一系列法律法规及政策文件,为慈善和志愿服务的发展塑造了全新的制度环境。2016年9月1日,《中华人民共和国慈善法》正式实施,其中亮点之一就是大量地增加了志愿服务的内容,这将改变和规范中国志愿服务的现行格局,影响深远。中央全面深化改革领导小组2016年5月和8月连续两次专题审议通过《关于支持和发展志愿服务组织的意见》《关于公共文化设施开展学雷锋志愿服务的实施意见》的文件,使志愿服务成为推动社会事业发展的重要组成部分。2017年3月,国务院印发《"十三五"国家老龄事业发展和养老体系建设规划》,要深入开展"银龄行动",鼓励老年人参加志愿服务,到2020年老年志愿者注册人数达到老年人口总数的12%。2017年4月,中共中央、国务院印发《中长期青年发展规划(2016-2025)》,明确提出全面推行青年志愿者实名注册制度,到2025年实现实名注册的青年志愿者总数突破1亿人。2017年10月,党的十九大报告明确提出"推进诚信建设和志愿服务制度化,强化社会责任意识、规则意识、奉献意识"。《志愿服务条例》(征求意见稿)在2016年年中完成了意见征集,并于2017年6月经国务院常务会议审议通过。2017年12月1日,第一部全国性的《志愿服务条例》正式实施,志愿服务成为推动我国社会事业发展的重要组成部分,上升成为国家战略。2017年12月5日,国务院扶贫开发领导小组发布《关于广泛引导和动员社会组织参与脱贫攻坚的通知》,其中指出要支持贫困地区培育发展志愿服务组织,鼓励志愿服务组织到贫困地区开展扶贫志愿服务。2018年2月4日,中央一号文件《中共中央国务院关于实施乡村振兴战略的意见》正式对外发布,意见指出要"建立有效激励机制,以乡情乡愁为纽带,吸引支持企业家、党政干部、专家学者、医生教师、规划师、建筑师、律师、技能人才等,通过下乡担任志愿者、投资兴业、包村包项目、行医办学、捐资捐物、法律服务等方式服务乡村振兴事业"。在我国,志愿服务事业发展已经进入法治时代。

在党和国家政策大力推动下,志愿服务事业发展迅速,社会各界对志愿服务的认识也在加深。据全国志愿服务信息系统提供的数据显示,截至2018年10月,全国志愿者总数达102620865人,志愿团体总数达532254个,服务总时长共计1135759099小时。我国志愿服务以扶贫济困、扶弱助残、社区发展为主体，在城乡发展、社区建设、抢险救灾以及大型社会活动等公益事业中，推动经济发展和社会进步所取得的成效有目共睹，成为我国社会治理和慈善领域不可或缺的重要力量。

全国志愿服务数据统计

（截至2018年10月）

志愿者总数	102620865
志愿团体总数	532254
志愿项目总数	1707325
服务时间总数	1135759099
记录时间人数	13916327

志愿服务逐渐展现出社会、文化、经济和自我实现等多方面的价值。其中，社会价值是人们愿意主动、无偿投身于志愿服务活动，这也是志愿服务的核心价值。志愿服务的目的就在于对社会弱势群体进行帮助，提供政府无法直接提供的公共服务。在志愿服务不断发展和壮大的过程中，随着社会本身的不断变化，志愿服务的文化价值和经济价值也越来越受到重视。由于志愿服务能够创造出巨大的文化价值与经济价值，因此，各国政府都积极支持本国志愿服务活动，以各种方式促进志愿组织的不断壮大，这在客观上也推动了志愿服务的发展。另外，志愿者在参与志愿服务过程中，所能够实现的自我价值和认可是志愿服务能够得以不断发展的重要动力。志愿者自我发展价值的实现有利于促进志愿者投身到志愿服务活动中。

随着企业公民意识的不断增强，企业也成为我国志愿服务事业的重要力量。志愿服务作为企业承担社会责任的一种重要形式，越来越受到企业的关注。企业志愿服务是志愿服务发展、主体多元化的产物，也是企业为了履行企业的公民责任，由企业主动成立志愿者协会或提供机会鼓励员工参与志愿服务的活动形式。企业志愿服务也被称为员工志愿服务，是一种由企业发起或鼓励员工参与，并最终由企业员工加以实施，目的旨在帮助他人的一系列活动。调查数据显示，世界500强企业中有超过90%的企业正在开展志愿服务项目，在国内也有越来越多的企业逐渐加入到志愿服务的行列。企业志愿服务作为志愿服务领域一支快速增长的力量，越来越受到社会的关注。

尤其是进入新时代以来，企业志愿服务作为社会的第三方力量，在帮困助残、助学支教、环境保护、社会管理等各个方面都发挥着积极的作用，对于缓解社会矛盾，维护社会和谐起到了不可替代的作用。面对经济社会发展的新趋势新机遇新挑战，全面研究企业志愿服务的新问题新模式新机制，对于推进社会诚信建设和志愿服务制度化，强化社会责任意识、规则意识、奉献意识，提升企业绩效乃至区域经济和社会文明的发展水平，都具有重要的理论价值和实际意义。

第二章 研究设计

在企业志愿服务的研究中,我们采用的主要方法为案例研究法。案例研究是一种常用的定性研究方法,通过深度访谈,案例研究能够获取更深层次的信息,并将深度访谈获取的一手资料与调查收集的二手资料相结合。相比于问卷调查法,案例研究更适合于对现实中复杂而又具体的问题进行深入且全面考察,以避免研究缺乏针对性而导致研究发现仅是泛泛之谈。大量研究说明案例研究方法是验证理论、评判理论以及构建新理论的有效方法,能够具体回答"是什么""为什么"和"怎么样"的问题。通过案例研究,人们既可以对某些现象、事物进行描述和探索,也可以建立新理论或者对现存理论进行检验、发展和修改。案例研究法有助于了解研究对象各方面的状况,进而对其有全面和深入的认识;有助于进行探索性研究,发现重要的影响因素;有利于客观、深入、准确地把握研究对象的问题、需要及其原因机制;有利于提出有效和具体的处理办法或解决方案。

我们与北京经济技术开发区(下文简称"开发区")联合开展研究,共同筛选了9家具有代表性的案例企业,分别是:富士康精密组件北京有限公司(下文简称"富士康")、北京京东方显示技术有限公司(下文简称"京东方")、北京赛升药业股份有限公司(下文简称"赛升药业")、北京亦庄置业有限公司(下文简称"永康公寓",设有永康公寓社区服务站)、中建二局第一建筑工程有限公司(下文简称"中建二局一公司")、中粮可口可乐饮料（北京）有限公司（下文简称"中可饮料"）、北京奔驰汽车有限公司（下文简称"北京奔驰"）、北京亦庄投资控股有限公司（下文简称"亦庄控股"）、北京京东世纪贸易有限公司（下文简称"京东"）。开发区作为北京市唯一一个国家级经济技术开发区，拥有世界500强、生物医药、智能制造等众多实力雄厚的高新技术企业，拥有良好的志愿服务发展潜力。将案例研究对象限定在开发区，符合案例选择的典型性原则，并有助于降低案例研究的外部变异性，从而提高案例研究的信度和效度。

  本研究从企业和员工两个角度分析企业志愿服务的现状。希望通过对企业志愿服务相关数据的收集、整理，梳理、总结和评价目前中国企业志愿服务的现状，分析员工及企业对企业志愿服务行为的认知，提炼优秀的企业志愿服务的案例，最终推动中国企业志愿服务的可持续发展。调研过程中，针对各企业志愿服务负责人分别进行2~3小时的深度访谈，同时访问与他们对接的相关政府工作人员。并查阅企业的相关文件、档案、网站等，收集二手资料，以建立证据三角形。调查及访谈内容包括：企业开展志愿服务的基本条件；企业开展志愿服务的领域、方向及主要内容，每年投入的情况；企业志愿服务的相关政策；企业开展志愿服务活动的情况；企业志愿者协会建设、运作情况；企业对志愿服务的支持性政策和培训情况；企业在志愿服务方面与第三方机构的合作情况，以及企业的社会网络；企业对志愿服务的长期规划；企业开展志愿服务的动机；企业开展志愿服务所带来的影响，包括多企业的影响和对员工的影响；企业在开展志愿服务方面面临的困难和期待等，资料及档案分析重点关注企业公开发布的企业社会责任报告及其以往的志愿服务活动计划书、新闻稿、总结稿等。最后，对信息进行整理和分析，并归纳得出结论。

第三章　企业志愿服务的模式及现状

一、志愿服务是企业社会责任的重要组成部分，企业志愿服务逐渐成为常态

近年来，志愿服务已逐渐成为企业履行其社会责任的重要方式之一。据全国志愿服务信息系统提供的数据，到2018年10月，志愿服务团体数量增长到532025个。在不同登记类型志愿服务组织中，由机关、单位、企业主管的团队数量最多，占总数的43.51%。[①]调查发现，在富士康、京东方、可口可乐、京东发布的社会责任报告中，志愿服务及公益活动都是其中的重要内容。富士康、京东方、赛升药业、中建二局一公司、中可饮料、永康公寓"亦家园"党群工作站等多家企业均设置了自己的常规项目。例如，富士康的"爱在路上，与您同行6+1"主题活动，京东方的敬老、捐助活动，京东利用自身优势参与扶贫、救灾、公益捐赠等。可口可乐、中建二局还设置了自己的公益月（日），永康公寓更是将志愿服务当作服务青年的日常工作进行。多数企业还成立了专门的志愿服务组织，例如京东方的志愿者协会、永康公寓的志愿服务队、可口可乐的"红鹰队"，以及北京亦庄投资控股有限公司成立的"志愿服务大联盟"。企业正在成为推动志愿服务发展、履行社会责任的重要力量，企业志愿服务也

---

① 数据来源：《中国企业志愿服务发展报告（2017）》。

逐渐成为常态。

富士康志愿者服务队助老活动

二、企业志愿服务的组织管理工作多由企业党团组织承担，负责人多为兼职

研究显示，企业志愿服务多由企业共青团团委专职或兼职负责，以党建带团建。负责人一方面组织、管理企业的志愿服务活动，向党组织汇报，另一方面与团市委、团区委等保持密切联系。大部分企业负责志愿服务的党团干部为兼职，少数为专职。

企业志愿服务由党领导、由团委负责有其历史渊源。自新中国成立以来，在党的领导下，我国志愿服务事业经历了孕育、启动、发展、深化等多个阶段，共青团起到了不可或缺的推动作用。1993年年底，共青团中央决定实施中国青年志愿者行动。12月19日，2万余名铁路青年率先打出了"青年志愿者"的旗帜、在京广铁路沿线开展了为旅客送温暖志愿服务。

为推动青年志愿服务事业的发展，团中央于1994年12月5日成立了中国青年志愿者协会。这期间依托各级共青团组织，建立起全国、省、市、县四级青年志愿者协会，部分地区延伸到社区、农村，建立镇（街）青年志愿服务中心和社区（农村）青年志愿服务站。由民政系统推动的社区志愿服务和中国红十字会推动的专业志愿服务也在发展。这些志愿者行动，为中国普及志愿事业奠定了基础。在共青团中央的推动下，以中国青年志愿者协会为先锋，中国志愿服务事业步入了持续发展和深化阶段。联合国宣布2001年为"国际志愿者年"，中国为此开展一系列活动，促进中国青年志愿者协会等与联合国志愿人员组织合作，开展在中国境内的宣传推广，使志愿服务得到更多人的认可。各种志愿组织协会如雨后春笋，蓬勃发展。民政部加快发展社区志愿服务的步伐，2005年3月成立中国社会工作协会社区志愿者工作委员会（2007年2月更名为"志愿者工作委员会"）。中国红十字会和慈善总会扩大了公益志愿团队的力量，妇联成立"巾帼志愿服务总队"等，企业与民间组织对发展志愿服务的热情也日趋高涨，许多企业公司都成立了志愿队。这期间，志愿事业在我国得到了迅速的发展，人们参与志愿服务的意愿也日益高涨。

三、企业志愿服务水平因企业性质、规模及所属行业而存在差异

企业志愿服务的开展因企业性质不同而不同。从企业性质来看，国企的志愿服务开展活动的频率明显更高，员工的参与度和积极性也相对更高。同时，国企活动的组织力度和规划情况也要好于非公企业。一方面，国企承担社会责任的意识和主动性更强，这与国家的政策推动密不可分。2014年12月，国资委曾专门召开中央企业志愿服务工作推进会；2016年5月10日，国资委在京举行中央企业志愿服务品牌暨"中央企业志愿者之歌"

宣传推广会，一批富有鲜明特色、成绩贡献突出、社会影响广泛、具有较高美誉度的中央企业志愿服务项目被命名为"中央企业志愿服务品牌"。国家积极推动企业开展志愿服务、承担社会责任。另一方面，国企的党团工作党群工作体系更加健全，更利于上传下达、推动企业志愿服务活动。相比之下，部分非公企业，其党团基层组织建设不够完善，存在人手不足、调动乏力、工作开展困难等问题。

企业规模及所属行业也会带来一定的差异。企业规模对志愿服务开展的影响表现在大企业相对更重视、也更有精力开展大型的志愿服务活动。集团或总公司层面相对子公司也更注重企业的公民行为，其志愿服务活动也开展得相对更为丰富和频繁。行业差异主要体现在所属行业的服务性程度，即与消费者之间的距离。可口可乐属于直面消费者的快销品行业，积极履行社会责任品牌形象更容易得到消费者的认可，进而影响企业绩效。因此，在京东和中可饮料，志愿服务是公司社会责任部或公共事务部乃至集团的一项重要工作；亦庄置业直接面对永康公寓中的青年，其志愿活动更是成为了面向青年员工工作8小时外的常规性服务；而像富士康、中建二局这样的企业，与消费者有一定的距离，因此其志愿服务活动也有一定的局限性。

四、青年员工是企业志愿服务的主体力量，丰富生活、开阔视野是主要动因

研究发现，我国志愿服务参与主体呈现出年轻化的趋势。通过调查来自各个年龄段的员工参与志愿服务情况来看，20~30岁、31~35岁阶段的青年人占主力，比例高达57.22%。20~30岁员工中参与志愿服务的比例在逐年上涨，从2014年81.10%、2016年85.52%到2017年的91.24%，[①]参与率明显

[①] 数据来源：《中国企业志愿服务发展报告（2017）》，《中国企业志愿服务发展报告（2018）》。

提高。在访谈中，也有多位企业志愿服务的负责人谈到自己企业"80%都是年轻人""以年轻蓝领为主""刚中专、大专毕业的年轻人"等。

员工志愿服务的参与度和积极性与其所处的人生阶段和工作学历背景有关。据中建二局一公司的关书记介绍，目前该公司志愿服务的中坚力量"一部分是刚毕业两三年的未婚年轻人，还有一部分是已婚、孩子上学、生活稳定的人"，这些员工更容易参与到志愿活动当中，而正处于工作忙碌的晋升阶段或刚成家尚未稳定阶段的员工则有心无力；富士康的王书记则发现，党员、积极分子等在志愿活动中起到模范带头作用，更容易成为"骨干"；年龄较大的员工则要顾及工作和家庭，往往参与度不高，"工作太忙""加班没时间"是员工无法参与志愿活动的原因。

员工主动参与志愿服务一方面希望献爱心、用自己的余力做一些有意义的事，另一方面也希望开阔视野、丰富自己的生活。我们的采访对象京东方曹工、奔驰NGCC工厂付哥，都在访谈中提到像他们这样的一线工程师、作业员和蓝领工人，他们的工作时间实际上非常枯燥，也希望"献一献爱心""找点有意思的事做"。他们从这样一些简单的初心，带动周围的人，逐渐成立志愿服务队，成为"领袖"志愿者，甚至推动了整个企业的志愿服务工作。志愿服务活动的持续性有助于企业志愿者逐渐从普通的志愿者转变成骨干志愿者，从而成为志愿者协会的领袖，组建志愿者协会，提高企业持续地开展志愿服务项目的可行性。

五、企业志愿服务内容多样，以基础志愿服务为主

志愿服务活动内容广泛。例如中国志愿服务项目大赛将其按照活动内容分为阳光助残类、关爱行动类、扶贫开发类、邻里守望类、应急救援类、环境保护类、文化宣传类等。按照专业化程度，志愿服务可以分为三类：第一类是基础志愿服务，即力所能及的帮助他人一次的服务，比如捡垃圾和植树、看望孤弱儿童老人、二手图书和衣物的捐赠；第二类是技能志愿服务，用熟练的技能帮助他人或公益组织解决技能性需要的服务，比如翻译、IT应用、器材维修、医疗诊治等；第三类是专业志愿服务，用某一领域专业的知识和经验帮助公益组织开展独特的发展项目，提供咨询、培训和教练服务。《志愿服务条例》中将志愿者界定为"以自己的时间、知识、技能、体力等从事志愿服务的自然人"。这不仅强调志愿者时间和精力的付出，还特别强调了志愿者的知识和技能。随着志愿者概念的延伸，专业化志愿服务成为志愿服务的重点发展方向之一。

企业志愿服务多为基础志愿服务，与大部分企业的专业知识、员工技能关系不大。富士康目前的志愿服务主要为"6+1"主题活动，即"助老、助弱、助残、助洁、助学、助行"和爱心献血，集团各子公司普遍开展志愿服务活动。其母公司鸿海精密集团发布的社会责任报告中显示，鸿海集团的社会参与重点在于"关怀弱势、践行公益"，内容包括捐助希望小学、永龄农场慈善计划、台南地震救灾活动等，侧重于慈善公益，多数属于基础志愿服务；京东方的志愿服务从类型上划分也属于基础志愿服务，主要内容有捐旧衣、废纸回收、探访敬老院老人、关爱弱势儿童等；中建二局、北京奔驰主要的志愿活动类型也以扶贫捐助、关爱教育、助老等基础志愿服务为主，在赛事志愿者、会议服务、援建等方面有一定的专业技能体现。

部分企业在技能和专业志愿服务方面有了一定的探索。赛升药业除了进行助老、助幼等基础志愿服务外，其工程设备部还分享了一定的技能志愿服务活动。赛升药业工程设备部除日常的保障支持工作外，还在部长的带领下成立"专业维修队伍"为附近的消防支队、中队，以及相关企业提供日常或应急维修服务帮助；永康公寓技能型或专业型志愿服务的成功开展得益于其平台化建设；亦庄控股子公司北京博大网信科技发展有限公司在2018年世界机器人大会中，利用企业的专业知识，为大会提供了智能化网络保障的志愿服务；京东充分利用自身强大的物流网络展开紧急救灾、扶贫、闲置物资回收等活动。

消防支队赠予赛升药业锦旗

最优实践一：京东方"衣旧暖心"

自2011年起，京东方持续开展了"捐旧物献爱心"活动，为边远贫困地区捐赠生活物资。2017年公司各实体组织了多次旧物捐赠活动，包括衣物、学习用品、书籍等在内的近4200件旧物，通过北京市同心互惠爱心机构、衣善机构、"面包树志愿者"项目、北碚志愿者协会，分别捐赠至四川、广西、河北等贫困地区,参与员工超过3000人,受益的贫困家庭200余户。

京东方志愿者捐旧衣

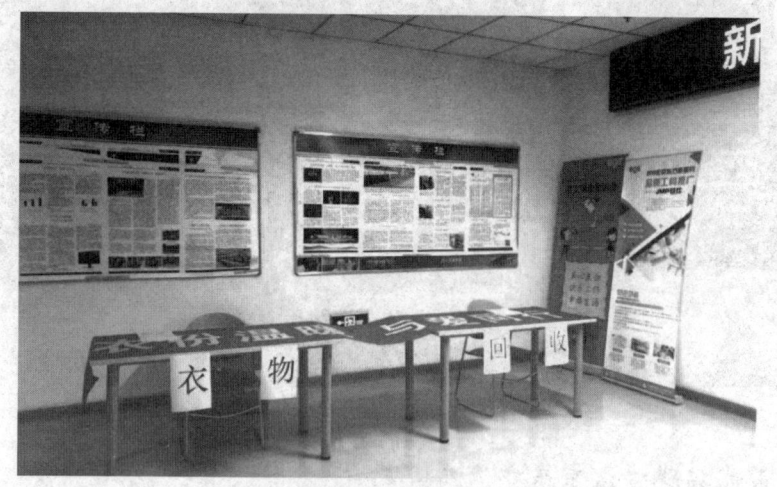

京东方旧衣回收处

2018年,京东方显示捐衣继续进行。2018年6月4日,京东方显示与B6、京东方真空一起共捐赠约1200斤衣物被褥,总计约2300件衣服、45床被褥、30双鞋等。

六、企业志愿活动服务对象多为次要利益相关者

根据服务对象与企业的相关程度划分,企业志愿服务可以分为对主要利益相关者的志愿服务和对次要利益相关者的志愿服务。主要利益相关者指的是直接与企业进行市场交换的群体,没有这些群体的持续参与,企业将无法生存,例如顾客、雇员被认为是企业最重要的主要利益相关者。次要相关者是指影响或者被企业影响,但是没有直接与企业进行市场交换的群体,例如当地的社区和非利益组织大多是企业的次要利益相关者。

京东方"一张纸献爱心行动"

企业志愿服务的对象既有次要利益相关者,也有主要利益相关者,大多数企业以服务次要利益相关者为主。富士康的"6+1"慈善公益活动,京东方的二手物资捐赠、探访敬老院老人,赛升药业的患病孤儿助养,中建二局的关爱留守儿童,北京奔驰的捡垃圾活动等,都属于服务次要利益相关者。部分企业既有面向次要利益相关者的服务,也有面向主要利益相关者的志愿服务。永康公寓的入住企业和公寓住户既是其志愿活动的参与者也是服务对象。永康公寓组织他们一起探望敬老院老人、进小学做公益属于对次要利益相关者的志愿服务,而组织青年员工包饺子、包粽子等节日关怀,开展国学课堂、心理课堂等则属于面向主要利益相关者的志愿活

动。赛升药业服务附近的消防队,而对方为赛升提供一定的安全保障,属于对主要利益相关者的志愿服务活动。可口可乐在服务主要利益相关者方面也有一些典型案例。在可口可乐产业链上,数以百万的女性扮演着重要角色,例如一些小卖店老板,她们有学习的需求和意愿,但渠道和资源有限。"可口可乐520计划"服务于可口可乐的女性客户,企业希望借此计划赋能女性,不仅能够帮助女性自立自强,激发其潜能和力量,还能带动家庭、社区发展的活力。

可口可乐"520计划"

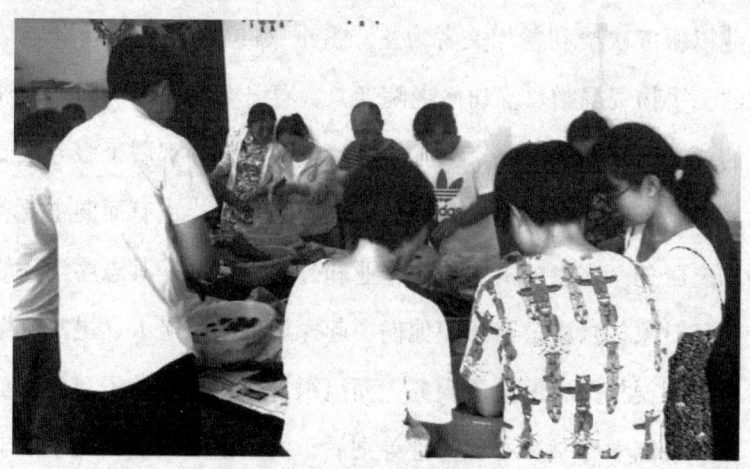

永康公寓组织包粽子

最优实践二：京东方"唤醒沉默星球"

京东方植物工厂参与"芽苗计划"

自闭症的小朋友，又被称为"星星的孩子"，由于存在语言发育障碍、人际交往障碍等问题，他们需要得到社会广泛的理解、关爱与支持，需要通过专业的康复训练逐渐敞开并点亮他们沉默的心。

为支持关爱自闭症孩子的公益行动，京东方植物工厂与北京残疾人福利基金会"沉默星球"组织达成协议，参与沉默星球"芽苗计划"公益活动，将植物工厂种植的产品作为公益产品进行销售，每销售一棵蔬菜，将向北京市残疾人福利基金会"芽苗计划"捐赠人民币0.01元，用于支持北京市东城区阳光路公益活动服务中心开展自闭症儿童的教育康复及公益宣传费用。

京东方希望持续汇聚善心，聚沙成塔，帮助自闭症儿童通过科学干预、合理治疗，逐渐自立生活，融合成为社会的宝贵成员。同时，发现并发挥他们的潜质，使他们获得与大多数正常孩子平等发展的机会。

七、组织推动、项目推动、管理推动为主要发展模式

目前企业志愿服务的发展模式主要包括志愿者协会发展模式、基金会发展模式、部门发展模式、制度发展模式和项目发展模式等五种发展模式。志愿者协会发展模式，即组织推动，企业通过成立专门的志愿者协会来组织和开展企业的志愿服务活动；基金会发展模式，即资金推动，指的是基金会支持企业成立志愿服务组织，并拨付资金支持志愿服务活动开展的志愿服务发展形式；部门发展模式，即管理推动，是由企业的相关部门（如可持续发展部、企业社会责任部或法律及企业事务部等）在部门内部形成志愿服务组织来组织和开展企业志愿服务活动的形式；制度发展模式，也叫制度推动，企业通过制度创新来保障和鼓励员工积极参与志愿服务活动，从而推动志愿服务活动开展；项目发展模式，即项目推动，企业通过开发相应的志愿服务项目或与其他组织合作开展相应的志愿服务项目，以带动更多的员工参与到志愿服务活动当中，从而推动企业志愿服务发展。

调查发现，企业志愿服务常见的发展模式主要是组织推动、项目推动和管理推动。组织推动主要体现在，大多数企业成立了自己的志愿服务协会或志愿者服务队。企业普遍认可通过成立志愿服务组织来组织和开展志愿服务活动。例如，富士康有富士康志愿者服务队，京东方有京东方志愿者协会，可口可乐有"红鹰队"，永康公寓有志愿者服务队，其上级企业亦庄控股（北京亦庄资本控股有限公司）还成立了"志愿服务大联盟"。亦庄控股集团团委建立的志愿服务大联盟，并没有志愿者直接加入，而是扮演了管理者的角色，负责顶层设计，制定方案、联络资源、统一管理等，为二级公司的志愿组织指导方向和提供服务。志愿者协会的发展模式有利于企业志愿服务活动的规范化、常态化进行。

项目推动的志愿活动也比较常见。在项目发展模式下，企业根据员工自身的实际情况，如员工的专业技能等，并结合社会对企业志愿服务特定的专业需求，开发或与其他公益机构合作开展志愿服务项目，使员工能够在参与志愿服务活动的过程中充分发挥自身的专业技能，同时也向社会展现企业的产品和服务。大多数企业志愿服务活动的开展基本上都是通过项目来实现的。在项目内容上，每个企业根据其特定的生产经营领域，选择与自身发展方向较为接近的志愿服务活动项目作为品牌项目加以发展。例如，为解决农村学校饮水安全问题，可口可乐与壹基金联合发起"净水计划"，并从2013年起，联合发起"为爱同行"户外健行活动，聚集社会公众、装瓶合作伙伴、员工等多方力量，为"净水计划"等儿童发展项目筹款。截至2016年年底，"净水计划"已为26省956所农村学校提供1096台净水设备，并配套专用水瓶和校园安全饮水卫生教育，帮助40多万儿童改善饮水质量、提升饮水安全意识。同时还有60多家公益组织及500多位志愿者共同参与、一起行动。逾11万名健行者筹款近4000万人民币，是目前国内参与人数最多的同类型活动。

可口可乐志愿者向武山县小学的孩子们讲解如何使用净水设备

管理推动，即部门发展模式，在该模式下的志愿服务组织依托于相关部门，是相关部门的工作内容。虽然采用管理推动企业志愿服务发展的企业在目前还不普遍，但这也是一种非常有效的发展模式。管理推动具有四个方面优势：一是志愿服务活动的统领和协调由相关部门负责，以部门高效的管理模式对其进行管理和协调，保证了志愿服务组织管理的有效性；二是志愿服务组织的领导与企业部门领导是一致的，活动的组织和策划都是在部门领导的管理和监督下进行的，确保企业能通过部门对志愿服务组织进行直接管理和指导；三是企业发展与志愿服务发展相统一。部门将志愿服务的发展纳入企业发展规划之中，确保志愿服务的发展方向与企业的发展方向相一致，实现同向性；四是通过部门对志愿服务活动进行管理，能够使员工在完成本职工作的同时，还能负责志愿服务活动的管理，实现企业人力资源的充分利用。可口可乐主要采用的就是管理推动的模式，该公司的志愿服务组织是依托于公共事务部的，由该部门进行志愿活动的组织管理，部门约一半的预算会用于志愿服务。可口可乐的公共事务部有一个形象的标志——"这个形象中间有颗爱心，左手拿着一个小喇叭，右手拿着一个灭火器，爱心就是指的公益活动，喇叭是说有好的事情要积极宣传，灭火器代表的是危机公关的处理，爱心在中间也说明志愿服务是我们非常重要的工作内容"。

各种发展模式并非独立存在，在部分企业中多种发展模式优势互补，共同推动志愿服务的发展。中可饮料的志愿服务主要由公共事务部管理，志愿者服务队具体展开。京东通过京东公益基金会、京东志愿者协会、集团下属各分支机构和合作商家等平台，开展公益活动。以京东为例，京东集团社会责任部作为集团的一级职能部门统一整个集团的社会责任，把握各业务板块志愿服务领域和方向，同时承担运营企业公益基金会的职责。京东志愿者协会总会对志愿服务进行统一管理，各分会组织开展志愿活动。

最优实践三：京东公益基金会

通过京东公益基金会、京东志愿者协会、集团下属各分支机构和合作商家等平台，京东积极践行社区服务，开展公益活动。

京东公益基金会积极推动志愿服务

北京京东公益基金会自2014年9月24日在北京市民政局正式注册成立非公募基金会。2017年，京东公益基金会申请成为《慈善法》颁布后的第一批慈善组织。始终秉持"整合社会资源，推进社会公益发展"的基金会宗旨，在扶贫、救灾、教育、环保、社会创新等领域开展20余个公益项目，及社会创新尝试。

京东还在全国8个区域设有志愿者分会，积极号召员工参与志愿服务，在紧急救灾、扶贫、闲置物资回收、社区服务、见义勇为、个人救助等方面发挥自己的力量。

八、活动资金紧张和调动员工积极性是组织志愿服务活动时的普遍难题

在问及"在企业志愿服务工作当中遇到了哪些困难"时，人员和资金是普遍存在的两个难题。在京东方曹工的工作过程中，第一，"找不到人，活多人少"；第二，"领导支持认可做志愿，但是又确实没有什么资源，如果说真有点钱，我们志愿者能做的更多一点"；资金有限也让赛升药业工程设备部的张书记感到压力，"资金有限让我们只能尽一些绵薄之力，还有筹集资金的渠道也有困难"；富士康也存在同样的问题，"经费很少，大部分团组织活动都靠党组织经费"。富士康整个北京园区负责党团工作的只有两人，同时要负责志愿服务，在调动员工积极性时心有余而力不足；中建二局因为员工比较分散，平时都在各个现场，因此在活动组织方面也存在困难。"积极参加的总是那拨人，其他人的积极性怎么调动"也是大家的普遍难题。

第四章　企业开展志愿服务的动因

一、履行企业的社会责任

企业社会责任是国际国内广泛关注的重要议题，成为企业竞争力的重要构成部分，也是破解全球可持续发展问题的重要途径。企业在创造利润、对股东和员工承担法律责任的同时，还要承担对消费者、社区和环境的责任。企业的社会责任要求企业必须超越把利润作为唯一目标的传统理念，强调要在生产过程中对人的价值的关注，强调对环境、消费者和社会的贡献。履行企业的社会责任是大多数企业开展志愿服务的初衷和最重要的动因，也体现了企业及企业家所拥有的伦理道德水平。数据显示，企业认为企业志愿服务"能够帮助到需要帮助的群体，为社会尽一份力量"达81.78%。我们的被访企业也都表达了对这一观点的认同。对于京东来说，其社会责任部门是集团的重要职能部门，志愿服务的组织管理是该部门的工作内容之一。中建二局、亦庄控股及其下属公司亦庄置业等国企认为，国企更要做公益，更要履行自己的社会责任，志愿服务要服务中心、服务大局。

企业对社会责任的承担在各类志愿活动中也有所体现。中可饮料的张书记为我们讲述了这样一个故事，"饮料瓶，大家喝完饮料后会把空瓶扔到垃圾桶里，可是大部分人并不知道这些瓶子后来怎么样了。其实绝大多数的瓶子会被拾荒者捡走，而不是真正被分类回收了。那些拾荒者会把旧瓶子送到非法的小作坊里去分解，然后再次加工去做出一个'新瓶'，这其实是不安全的。而法律目前还监控不到这些部分，所以尽管我们是生产者，可口可乐还是希望能够担起这样的责任，减少这些安全隐患。"

因此，中可饮料联合盈创开展了"就（旧）凭（瓶）你有用"的公益活动。中可饮料作为可口可乐的装瓶厂，既是饮料瓶的生产方，同时也希望能给这些原本已经成为废品的瓶子找到一个安全的家，助力北京城市生态建设与资源再利用，履行企业的社会责任。京东物流作为全球拥有六大物流网络且覆盖大部分县级地区的企业，在国家出现灾情有难的情况下，有能力承担国家和社会的救灾帮扶。作为有社会责任担当的企业，京东CEO刘强东曾承诺过，哪里出现灾情，京东必定在第一时间前往灾区救援补给。不仅是可口可乐和京东，中建二局的关爱留守儿童、富士康的"6+1"、北京奔驰的青海助学等，每个企业都在以自己的方式通过志愿服务履行社会责任。

可口可乐"就凭你有用"活动邀请小学生体验智能回收机

二、党团建设的工作要求

党团建设在企业当中扮演着非常重要的角色,对引导、推动企业志愿服务发展起到了重要作用,企业志愿服务在做志愿的同时也要"服务于中心工作"。志愿服务作为党团建设的一部分对企业提出了一定要求,各公司党委团委也非常重视志愿服务工作。在党的领导下,亦庄控股下属各个子企业都建立了自己的党建品牌,例如永康公寓的党建品牌"永康公寓梦想家园",希望通过志愿服务让公寓的外来打工青年在北京有一个归属感,助力他们实现北京梦。

把志愿服务作为党团建设的一部分也为企业开展活动提供了一定的帮助。党建带团建,是党建、团建中一项十分重要的基础性工程,是新时期进一步做好党的青年工作、巩固党的青年群众基础的重要途径,也是在团的建设实践中探索和总结出来的成功经验,是党团建设深度融合、联动发展的有效做法。富士康、中建二局、亦庄控股的"志愿服务大联盟"等就是通过党建带团建的方式克服了一定的活动组织难题。比如,团组织经费有限,则运用党建带团建的方式,合力开展活动。对于亦庄置业而言,永康公寓"入住企业数量多,员工年纪轻、思想新",既是特点也是难点。2015年,亦庄置业党支部打破了行政隶属关系下传统的党建思维,基于物业服务的管理特点进行创新,将党建工作延伸至客户群体。把服务来京务工青年作为服务工作重点,加强组织建设,引领青年实现梦想,发挥了党组织在促进企业经营发展中的重要作用。永康公寓因地制宜创新了"联建"模式,探索了大党建新格局。公司、公寓、行业互联互通互补的开放式党建体制,包括"业主+企业""物管+企业"等,充分发挥了物业管理公司优势,并以物业服务为主线,进一步深化党的组织建设,加强和引导促进物业行业健康发展,破解了物业管理的难点问题。

最优实践四：永康公寓"亦家园"党群工作站

永康公寓建立"亦家园"党群工作站

　　永康公寓是北京亦庄投资控股有限公司投资兴建，由北京亦庄置业有限公司提供物业服务的一处特殊的大型租住公寓，位于开发区康定街，现入住人员约9000名，隶属于开发区70家企业。为了能让广大外来务工青年在永康公寓安居乐业、筑梦亦庄，在北京亦庄投资控股有限公司党委的倡导和大力支持下，置业公司党支部按照"团结、创新、务实、诚信"的核心价值观，紧紧围绕公司发展目标，充分发挥党组织作用，针对永康公寓入住企业数量多、活力足，员工年纪轻、思想新的特点，打破传统党建模式、统筹党建资源，以特色"党建+"形式为特点，创建了"亦家园"党建工作品牌，建立"亦家园"永康公寓党群工作站，不断凸显党组织的政治引领力、增强企业发展助推力，提升公寓入住企业员工凝聚力，打造属于入住员工的梦想家园。

三、来自利益相关者的外部压力

按照"外部压力 – 企业行为 – 市场反应"研究范式，企业社会责任在利益相关者压力到企业价值的关系中起到中介作用。利益相关者压力激发企业对资源及合法性的需求，会促使企业积极履行社会责任，而企业履行社会责任又将有助于企业价值的提高。一方面，企业的生存发展依赖于从外部环境获得资源，而利益相关者群体是企业最主要的资源来源。各利益相关者在向企业提供资源的同时对企业施加了影响力（压力），而这种影响力随着企业依赖程度的增加而提高。另一方面，企业的结构和行为必须服从于企业所处经济与社会环境的社会规范、价值、期望等。员工、客户、合作伙伴、政府以及社会都对企业进行志愿服务、履行社会责任上有一定的期待。进行志愿服务能够获得这些利益相关者赋予的道德资本。因此，利益相关者会给企业社会责任带来一定的压力，而志愿服务又是企业履行社会责任的重要手段和组成部分，所以来自利益相关者的外部压力也成为企业开展志愿服务的重要原因。

四、公司长远利益的需要

目前，越来越多的企业已经意识到企业志愿服务不仅可以"利社会"，同时也能够为企业带来长远利益，因此对企业产生了一定的经济激励。经济激励主要指企业通过志愿服务获得较高的收益，如品牌知名度、顾客忠诚度、员工工作满意度甚至是物质奖励等。富士康推动志愿活动，"一方面是对企业品牌、企业形象的推广，另外希望员工通过志愿服务把自身素养提升上来，形成关爱、协作的意识"。从宣传角度讲，中建二局也有这样的需求，结合社会热点做志愿服务，"既做了好事又蹭了热点"，而且能够"培养员工的公益心，公益心就是有爱心、有责任感，不管在哪里你有责任心了，无形中就会尽力"。永康公寓红色亦站也希望通过志愿服务活动跟年轻人交流，更好地服务公寓中年轻人的业余生活。站长王一凡希望志愿服务能够达到"双赢"的效果，"一方面履行了社会责任，另一方面也宣传了楼盘中的民营企业，能够带动他们一起向前走"，从而提高住户和商家对永康公寓的认可，促进企业的可持续发展。"志愿服务大联盟"周书记对志愿服务为公司带来的益处考虑得更为长远："比如说我们想参加中非论坛、冬奥会这种大型的志愿服务活动，这种活动才是真的能够展示自己的企业形象的，所以我们现在就应该积极去做志愿，做好铺垫，才能在机会来临时抓住它。"

第五章　志愿服务对企业的影响及其机制

一、提升品牌形象，助力企业文化

一个企业的形象，外在表现为品牌形象，内在表现为企业文化，企业志愿服务能够对二者产生积极影响。从大家对企业志愿服务的期待和结果来看，志愿服务能够提升品牌形象已经是企业的共识。永康公寓联合木北造型、工商银行、口腔医院等开发区企业一起做志愿活动，借助这些企业的专业特色将"好事"做得更好之外，同时也宣传了他们的品牌。在一些赛事、会议当中提供志愿服务、展示自己的专业形象，也是一种常见的志愿服务形式。例如在马拉松比赛当中，可口可乐通过这一平台可以宣传新品，也是对品牌形象的一种宣传。企业志愿服务有的是走进社区，有的还会走出国门，但是无论做什么，中建二局关书记认为这都是为公司打造品牌，"大家是扛着公司的旗子出去的，代表的就是公司"。消除负面形象也是企业形象提升的一个方面，曾经有很多关于富士康"血汗工厂"的负面新闻，积极开展志愿服务、履行社会责任，能够让不知实情的大众看到富士康的正面形象，减少以讹传讹。

企业文化会影响志愿服务的开展水平和效果，良好的志愿服务反过来又会为企业文化助力。在可口可乐的企业文化中，"积极乐观美好生活"

是重要的一部分内容,"我们在乎,源于本身"是其可持续发展的主题,在这样的企业文化引领下,可口可乐格外注重对消费者、员工、社区乃至对整个社会的责任,积极推动志愿服务的发展。因为在乎员工,员工也会更加在乎企业;因为在乎消费者,消费者也会予以信任;因为在乎客户,客户变成朋友;因为在乎整个社会,人们看到了可口可乐的大企业形象。员工也逐渐能够认识到企业志愿服务"有利于提高公司的品牌和社会责任形象""有利于形成和保持更健康的企业文化"。员工意识到志愿服务与企业息息相关时,他们会"更有投入感"。中建二局关书记认为志愿服务激发员工的活力,这样才能"一呼百应","这是企业文化的根本意义"。

可口可乐"我们在乎,源于本身"

二、建立、促进与企业、政府的联系,获取社会资本

企业志愿服务能够帮助企业获取社会资本,进而带来竞争优势。社会资本是企业作为一个独立主体同外部相关主体在社会网络形成关联关系的特定资源。企业的生存发展依赖于从外部环境获得资源,对各利益相关者的志愿服务能够带来社会资本这类独特的资源。

企业志愿服务能够促进合作关系、扩大合作网络，带来社会资本。赛升药业在服务消防队的过程中，与消防队形成了良好的合作关系，消防队也会义务为赛升药业提供安全检查、安全培训教育等，这对存在大量生产线、生化实验、精密设备的医药企业有着重要作用。亦庄控股建立志愿服务大联盟，形成平台优势，联合开发区企业共同开展志愿服务。亦庄控股举办为农民工义诊的志愿活动，邀请大兴区中西医结合医院，为开发区民工进行了基础体检，并发放免费医疗包。在张家口小学的志愿活动中，亦庄控股邀请武道馆及国学馆，为孩子们带来专业的国学教育和武道训练。永康公寓所属公司亦庄置业帮助木北造型建立了党工团支部，木北造型则运用自己的专业技术，与永康公寓一起去敬老院、贫困小学做志愿，为老人、小孩免费理发。在合作开展志愿服务的过程中，企业与企业之间关系更加紧密，达到了共赢、共建的效果。

最优实践五：永康公寓"亦家园"爱心联盟

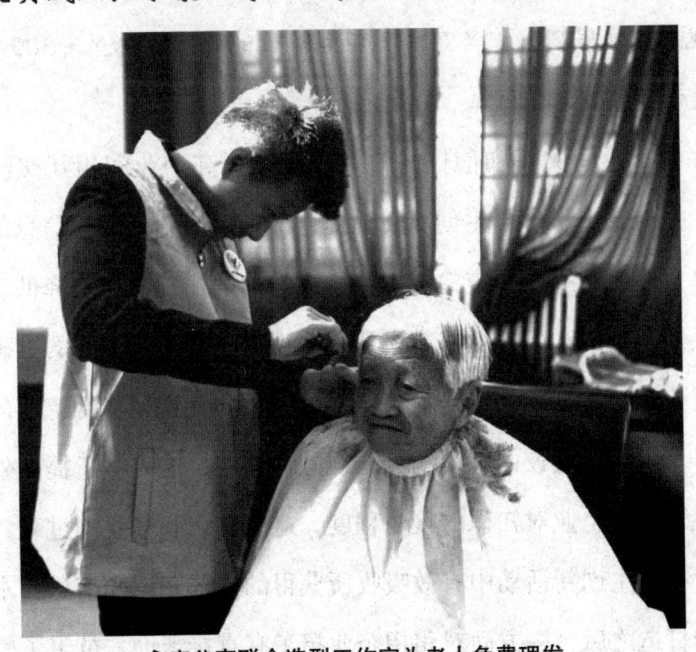

永康公寓联合造型工作室为老人免费理发

为履行国有企业社会责任，推动区内企业公益活动的开展，永康公寓"亦家园"党群工作站于2016年联合开发区内多家知名企业共同成立爱心联盟。联盟以弘扬公益精神、宣传社会公德、倡导公益文化、开展公益实践、塑造公益形象为宗旨，开展公益活动。经过两年的发展，爱心联盟已经汇集了50多家企业，其中不乏知名企业，如木北造型、农商银行、工商银行、中芯国际、山姆会员店等。爱心联盟不仅在公寓内部开展公益服务，还将公益送到了武清的敬老院、张家口的贫困小学，将捐赠的衣服寄往新疆阿克陶地区，以爱为盟，有你有我。联盟好比一个筐，可以从不同的角度装入资源，也可以从不同的角度使用资源，把置业与园区客户、物业服务、党工团建设、非公党建都紧密联系在了一起。随着活动的开展，企业间的联系更加紧密，爱心联盟也逐步发展为党建联盟。如与工商、农商银行签署共建协议、帮助木北造型成立党工团组织、邀请开发区消防支队、中芯国际参加亦庄置业红歌赛。真正实现党建引领、抱团服务、共建共享，现在"亦家园"汇集了志愿服务单位50余家，志愿者300余人，已开展各类活动100余次。

良好的企业间关系和信任的建立，可以提高企业间相互交流和沟通的质量，并为企业从事自主创新活动提供准确的信息。因为信息的甄别和选择需要企业为此投入相应的成本，企业间的信任则会有效降低企业对信息真实性进行判断和甄选的成本，从而获得自主创新所需要的准确知识和信息。企业间的重复交易也是社会资本的一部分，这会降低企业的社会交易成本，有助于形成彼此默契的合作规范和惯例，这有利于提高外部知识的专用性，以及企业对知识的接受程度，避免知识和信息的过载，从而有助于企业在自主创新活动中有效吸收所获得的外部知识和信息。永康公寓党建品牌打造之后，一方面对租用企业招工有直接帮助，员工了解永康公寓之后更容易达成入职协议，且离职率降低，从而降低了企业的人工成本；另一方面，亦庄置业与开发区企业的联系更紧密，物业服务水平提高了，最直接的是"出租率从2014年的40%到现在几乎是百分之百，物业费合同额从1400万上升到4100万，不能说全部跟志愿服务有关，但是有一定影响"。

与企业的横向联系对公司绩效具有正向影响，与政府之间的纵向联系同样也是重要的。政府所带来的益处包括有价值的市场信息、更少的官僚延误以及货币及非货币奖励等。无论公司的资源是否允许，许多公司都致力于发展和维持良好的政府关系，以获取政策支持和奖励。志愿服务有助于企业维系良好的政府网络关系。例如同样报名开发区2018年小微志愿服务项目，积极组织参与志愿活动的企业平时就与开发区团工委保持紧密联系，因此这些企业能够更及时地接到通知、积极申报。而在评选时，因为平时沟通密切，可能这些企业的志愿服务项目更符合小微项目支持计划的要求，从而更易获得资金支持，这给资金困难但又希望推进志愿服务的企业带来一定的帮助。拥有良好的政府网络，公司能够更好地经受法律和政治环境带来的挑战，通过与政府机构的网络建立良好的公司声誉，能确保公司生存和成功的机会。

三、员工多方面提升，展现组织公民行为

企业志愿服务会对员工产生积极影响，包括提高组织认同感、工作积极性等，能够促进员工的组织公民行为。员工的组织公民行为是一种员工自发或者自愿表现出来的，未被正式的奖励系统直接或明确地承认，但一般在总体上有助于改善组织效能、提高组织营运有效性的角色外行为，比如愿意主动承担职责外的工作任务、乐于助人、运动员精神等行为。

首先，志愿服务能够丰富员工的生活，给他们带来一定的心理满足。曾经有员工在一次活动结束后私下问富士康王书记后续还有什么活动，表示想要带家属一起去做志愿。王书记解释说："因为员工很多都是外地人，他们背井离乡，去敬老院做志愿活动的时候，大家就会融入到上有老下有小的氛围，在关怀老人的同时自己也得到了一些心理满足。"像富士康这类企业，很多一线员工，"就是两点一线，从工厂到宿舍，生活很单调，可以通过这些活动，让他们融入到社会中去，他们在心理上也会更健康"。"亦家园"志愿者服务队的张兴华，最初是一个普普通通、性格内向的人，多次参加"亦家园"组织的志愿活动后，不仅性格从内向羞涩变成了开朗健谈，还当上了志愿服务队的队长，"亦家园"成了他的"福地"，是他"在北京温暖的家"。张兴华的变化也体现了永康公寓梦想家园建立的初衷，"希望通过各类志愿活动让这些外来的打工青年在北京有一种归属感"。

其次，企业志愿服务对员工的影响体现在精神层面的提升。富士康王书记认为"员工参与志愿服务能够提升思想意识，互相之间协作、关爱"，在企业内部形成了关爱型的良好道德气氛，这对企业来说也大有益处，"因为在工厂或者在单位，大家都在工作的状态下，就会忽略一些精神层面的东西，而且在职场计较利益的东西多一些，而志愿服务更偏重人的精神层面，减少职场上的这些计较、推诿"。"人们在做这些好事的时候整个人都散发着温柔的光辉"，"平时看着特别严肃的男同事，你没有想到他也会有那种温情时刻，抱着那些孩子的时候笑得特别开心、特别温暖"。中可饮料的张书记在分享他们一次探望孤儿院的经历时眼里散发着光芒，表达着她满满的感动，中可饮料的志愿服务增进了同事之间的了解，让团队更团结。

富士康员工带孩子参与志愿活动

参与志愿服务还能够让员工开阔视野，提升个人能力，实现自我价值。京东方曹工2005年就开始做志愿，2008年奥运会时获得了"优秀奥运志愿者"的称号，他的情怀得到了激励。这些年的志愿服务让他的视野更加开阔，"不只是单单做一个企业里的技术人员、科室里的工程师"，成为京东方志愿者协会的负责人让他实现了自我的价值，还结识了一帮有爱心、有热血的朋友。不管在哪个岗位上，"人总是需要一些调剂，需要一些乐观、正能量来刺激你"，曹工说，"公司员工流动率很高，身边的人换了一拨又一拨，但是我一直比较乐观开朗，自己也想去做一些志愿服务这类的事，得到一些社会认可，可能这就是我在这里坚持十年的激励吧！"志愿服务活动让一些企业志愿者逐渐从普通的志愿者转变成骨干志愿者，逐渐成为志愿者协会的领袖，既提升了个人能力，也提高了企业持续开展志愿服务项目的可行性。

企业志愿服务能够增强员工对企业的认同感、归属感和自豪感，提高综合素质。员工把自己的个人时间、特长或技能贡献出来，能够在帮助别人的过程当中，获得成就感，从而更好地意识到在企业中工作的价值。乐于参加志愿服务活动的员工本身大部分就是积极向上的，比如一些优秀的党员，在活动中能够发挥他们的模范带头作用，带动周围的人。志愿服务也让一些原本没那么积极的员工逐渐产生归属感，提高组织认同和工作积极性。员工的提升会进一步影响企业绩效，包括提高员工工作能力和工作效率、提高工作满意度、降低离职率等，为企业带来竞争优势。

第六章　企业志愿服务中存在的问题

一、志愿服务重视不足，共赢意识有待提高

虽然各个企业目前都在积极推进志愿服务，志愿活动也都存在一定的亮点，但大部分企业对志愿服务的重视仍然不足。这表现在两个方面：第一，志愿服务的负责人接触不到企业高层，更不能参与到企业的战略决策当中，大部分负责人是中层以下甚至是基层员工。负责人的职位过低导致志愿服务停留在基础层面，无法站在企业、行业甚至更高的角度去思考怎样做志愿才最适合企业发展、满足社会要求，这不利于企业志愿服务的长期发展。负责人职位低带来的更现实的问题是资源难以调动，有多位负责人曾跟我们抱怨"没权没钱"，活动开展困难。第二，企业对志愿服务工作的支持力度不够。富士康志愿服务的经费基本上都来自党建经费，"如果不是主营业务上的经费，企业给的支持很少"。京东方的领导会给一些口头鼓励，但"确实没给什么资源"，导致志愿者热心满满但困难重重。企业高层的不重视传递到基层员工就表现为参与不积极，活动效果也不好，这一结果反馈到企业管理层会进一步认为企业志愿服务不重要，形成恶性循环。

企业志愿服务效果差强人意，其最根本的原因是意识不够。企业缺乏

对志愿服务的认同，是短期利润最大化与企业社会责任的矛盾，归根结底是资源消耗与资源获取的矛盾。企业是以盈利为目的的社会团体，而企业志愿服务给企业的直观感觉是人、财、物的消耗。因此有一些企业的志愿服务负责人缺乏积极性，将志愿服务当作一项规定任务来完成，缺乏对志愿服务的认同，开展活动也更多选择那些做过的、简单的。但事实上，良好的企业志愿服务既能为社会贡献力量，也能为企业创造一定的价值，对企业员工个体来说也有一定的提升，产生"共赢"的效果。良好的企业志愿服务益处颇多，包括品牌形象的提升、社会资本的获取、员工精神和技能多方面的提高以及组织公民行为的改善等。这些益处并非立竿见影，更多的是长期影响，企业管理层要提高志愿服务的"共赢意识"，充分认识到做好志愿服务的重要性。

二、基础志愿服务居多，业务关联度低

企业的一大优势在于可以发挥专业技能，提供专业性的志愿服务。《志愿服务条例》中也提出，"国家鼓励和支持国家机关、企业事业单位、人民团体、社会组织等成立志愿服务队伍开展专业志愿服务活动，鼓励和支持具备专业知识、技能的志愿者提供专业志愿服务"。然而，有相当一部分企业还是以基础性志愿服务为主，活动内容大多是探望敬老院、探望孤儿院、捡垃圾、捐衣服等，与企业的业务、专业知识几乎毫无关系，无法发挥企业的优势。从这一点上也可以看出，企业对志愿服务投入的精力有限，缺乏思考和创新。志愿服务以基础性为主、服务于次要利益相关者、与业务关联度低、缺乏创新性，这与企业的重视程度低都有关联。志愿服务与业务关联度低难以发挥企业的专业优势，从而对企业竞争优势的影响也会减弱。

三、多数企业志愿服务合规性不够

《志愿服务条例》的颁布实施标志着志愿服务上升到一个更高的维度,在制度推进以及规范和约束方面对志愿服务提出了更高的要求。其中对志愿服务组织安排志愿者参与志愿服务活动、对志愿者开展相关培训、志愿服务组织应当如实记录志愿者的志愿服务情况等信息,以及开具志愿服务记录证明等方面做出相应的规定。《志愿服务条例》的实施是为了保障志愿者、志愿服务组织、志愿服务对象的合法权益,鼓励和规范志愿服务,发展志愿服务事业,培育和践行社会主义核心价值观,促进社会文明进步。企业组建的志愿者协会也属于志愿服务组织范畴,因此,在发展志愿服务事业的同时,一方面应当根据《志愿服务条例》的相关规定来开展志愿服务活动,另一方面应当十分注重对员工志愿者进行相关政策的培训普及。

然而调查发现,有部分企业的志愿者协会注册使用的情况并未满足要求。首先,志愿服务平台不统一,国内现有志愿中国、志愿北京、中国青年志愿者网等多个平台,平台之间各自独立,数据不互通,使用存在不便。其次,志愿服务平台与企业的信息系统无关联,因此使用意愿不高。最后,企业使用志愿服务平台主要就是记录活动和志愿者服务时长,平台的作用没有得到充分发挥。然而有些企业会认为企业志愿服务是企业内部的事,没必要记录时长;有的企业认为平台不够便捷,员工使用网络设备的机会较少,注册、记录也存在困难。企业员工参与志愿服务活动仍有大部分没有收到过志愿服务时间证明的相关证书。随着《慈善法》和《志愿服务条例》的正式实施,对志愿者实名登记、记录志愿者的服务时间等是法律法规的必然要求,企业组织员工参与志愿者活动必须要注意规范志愿者服务时间的记录,并根据志愿者要求,无偿、如实出具志愿服务记录证明,否则可能违反法律法规的规定。

四、缺乏良好的设计、规划和组织

良好的设计、规划和组织是一项志愿活动成功的重要因素。"担心活动没有效果,不能真正帮助援助对象"和"项目内容不够有吸引力"是员工不参加志愿活动的部分原因,其占比分别为36.43%和31.43%。一些企业员工志愿服务活动或项目可能并没有完全根据社会需求和员工意愿进行设计,导致员工参与志愿服务活动受限。根据我们的调查,针对大型志愿活动,大部分企业都会做事先的规划、审批等,但对一般的志愿服务活动就会省去设计规划的步骤;大部分企业都缺乏对志愿服务的长期规划,更多的是做以往做过的、简单的来完成任务。没有良好的设计、规划和组织,缺乏投入,会导致活动不吸引人,员工积极性差,达不到预期的效果。

五、缺乏保障、激励、评估等措施

调查发现,大部分企业的志愿服务活动缺乏对员工的保障措施。志愿服务的相关规定一方面是为了规范志愿服务活动,另一方面也是为了保障志愿者、志愿服务组织、志愿服务对象的合法权益。在志愿活动过程中有可能会遇到一些突发情况,例如在2018年10月12日,中国绿发会反电鱼协作中心福建建瓯工作站两名志愿者在协助渔政站进行日常巡护时遭遇凶徒殴打。《慈善法》和《志愿服务条例》明确要求,"志愿服务组织安排志愿者参与可能发生人身危险的志愿服务前,应当为志愿者购买相应的人身意外伤害保险"。然而,实际志愿活动中,购买保险的情况并不多。《志愿服务条例》中明确了对志愿者权益的安全保障权,志愿服务组织安排志愿者参与可能发生人身危险的志愿服务活动前,应当为志愿者购买相应的人身意外伤害保险。通过购买保险形式,可以起到帮助企业、志愿者,乃至志愿服务组织规避风险的作用。这些合规、合法性的要求,以及志愿服务平台提供的一些免费保险服务等,对志愿者和志愿组织都是一种保护。

"时间不允许"是员工参与志愿服务的最大难题。没有调休、补助或带薪假日是企业的普遍情况,很多企业都会选择员工的空闲时间,例如周末、假期开展活动,并且没有补助。志愿服务会记录时长,但记录的时长很少会反馈给员工,几乎没有任何的物质奖励,很少有荣誉称号等精神奖励。大家参与活动都是"纯粹的热心",或与组织者"关系好",因此"参加志愿活动的总是那些人",员工的积极性调动不起来。以往研究发现,当企业不积极鼓励员工参与志愿服务活动时,员工的参与度低,反之则越高:企业积极推动时,员工参与度高达89.99%。这表明,企业对于志愿服务项目的支持态度通过影响员工的认知,进一步影响了员工参与志愿活动的热情。

第七章　提升企业志愿服务效果的对策与建议

一、志愿服务与企业战略相融合

"企业如何做到赚钱与为善两不误"是一个经典难题,但企业的经济目标和社会目标并非是零和博弈。想要让企业志愿服务达到既能回报社会又能获得竞争优势的二元目标,首先需要将志愿服务提升到企业战略的高度。然而大多数志愿服务没有达到真正的战略性,因此未能达到应有的效果。战略性志愿服务能够改善竞争环境,使社会目标和经济目标统一;当企业志愿服务是致力于改善竞争环境时,企业就能利用自身能力和关系来支持志愿服务活动,产生的社会效益将远远超过个人、基金会甚至政府。

放眼国内外,不少公司在重新定义"企业社会责任",把"可持续发展""共享价值"融入企业经营战略。这并不是简单的概念更新,而是企业在重新思考如何更好地联结商业成功与社会进步。这是时代发展的必然,也是社会对企业的期待。电影制作公司梦工厂曾经开设了一个课程,为洛杉矶市家庭贫困的学生提供从事娱乐业工作所需的技能培训。该公司的6个事业部与洛杉矶社区大学学区、当地高级中学和学生课余活动项目都有合作，为他们设计出课堂授课与实习辅导相结合的专门课程。梦工厂这一举措既带来了社会效益，改善了洛杉矶的教育体系，增加了低收入居民的就业机会，也带来了经济效益，有更多经过特别训练的毕业生可以为公司服务，为自己赖以生存的整个娱乐业注入生机。

　　企业将志愿服务与企业战略相融合，顶层设计指导基层实施，基层活动体现战略意义。可口可乐中国的案例为我们提供了借鉴。可口可乐中国是饮料行业巨头，把可持续发展作为核心战略目标，将"我们在乎"的态度和行动贯穿始终，不是简单地把企业的部分利润用于社会公益，而是致力于在业务的全周期和各个层面，实现"对社会有益"的承诺。我们看到，可口可乐中国在乎与环境的共生，努力在企业运营的各个环节提高资源利用率，斥巨资推出节能环保冰柜和植物环保瓶；致力于水资源保护和利用的新模式，提前实现了100%"水回馈"的目标。在乎社区的发展和社会的公平，可口可乐利用遍布全国的商业网络，为灾区高效有序地调配饮用水；在偏远地区为缺乏安全饮用水的学校提供净水设备；为缺少技能的妇女们提供就业和创业技能培训。在乎生态的良性循环，可口可乐在各类供应商、原料地社区共同推行可持续绿色供应链，帮助从事甘蔗、茶叶等原材料种植的农民在生产过程中减少用水以及对耕地的影响。一系列的志愿活动和社会责任举措体现了可口可乐中国从可持续发展战略到志愿服务的落实，将企业志愿服务做到了战略性高度，推进了企业的可持续发展进程。企业管理者应当足够重视志愿服务活动，企业的志愿服务开展与企业的战略和业务发展结合起来，将成为支持企业战略发展的有效手段。规划志愿服务项目时将眼光放长远，依靠设计品牌项目来推动，改变本土企业的志愿服务开展由政策驱动的现状，增强自主性，促进可持续发展。

最优实践六：可口可乐"净水24小时"

可口可乐"净水24小时"活动

可口可乐公司相信，自己能用最便捷的渠道和网络为消费者提供高品质、多元化的饮料，也应该能在危急时刻用同样的效率提供生命救援之水。

2016年夏天，连续十多天暴雨后，长江中下游发生洪涝，安徽、湖南、湖北等几省受灾严重。

6月21日早上5点，刘毅将7900箱瓶装水装车，送往湖北省黄冈市蕲春县张塝镇。作为可口可乐的货车司机，他常年奔走于周边县市，这一段是轻车熟路。

这次送水不同于以往给经销商送货，"这是给灾区送的救命的水。"刘毅回忆。他必须保证在最短的时间内安全抵达灾民安置点。

供销网"变身"救援网

刘毅是可口可乐（湖北）饮料有限公司（简称湖北厂）派出的十多支送水队伍中的一员。从2016年6月下旬开始，在灾情最重的20天时间内，湖北厂一共向16个受灾县市配送了近100万瓶水。

"我们没有把一瓶水压在库房或堵在路上，"刘毅说，和以往大多数企业直接捐赠一笔物资不同，这次救灾，是"按照各地公益组织提交上来的实际需求把水分批次送到安置点。"在这个时间段，湖北厂先后18次启动"净水24小时"救灾响应机制。

有条不紊的送水行动离不开周密的制度设计。2013年，可口可乐中国联合壹基金救灾联盟、当地政府机构等全国救援伙伴，创建了这个应急救援机制。可口可乐公司深入到县乡的商业运营和供销网络及其管理能力，在救灾中派上了用场。

这个机制的最早探索可以追溯到2008年汶川地震，当时政府允许社会组织、企业等民间力量参与救灾。见诸报端的，既有企业的一轮又一轮的"捐款数字大战"，也有超市被抢空的货架，以及当地居民等待领取救援物资时焦灼的眼神。

当时可口可乐中国捐款捐物总价过亿，但"在应急阶段过后我们进行了反思，企业在灾害面前除了捐，还能做什么？"可口可乐中国可持续发展总监杨佳说。

在可口可乐大中华及韩国区可持续发展副总裁张华莹看来，把创造共享价值作为核心战略的可口可乐，最有可能发挥优势的机会，是利用企业的核心能力，为灾区"雪中送炭"。作为一家饮料企业，平时可口可乐用最便捷的渠道和网络为消费者提供饮料，"能不能在灾害来袭时以同样的效率提供救援之水？"

随后的两年中，可口可乐中国可持续发展团队与救灾领域的学者、政府机构和公益组织频繁接触，探讨能否建立一套机制，将企业的运营优势与救灾应急结合起来，实现高效的物资救援。

如何在灾害发生时，及时高效地把可口可乐中国遍布全国的商业运营和供销网"变身"物资救援网络，是一大挑战。

2013年，可口可乐中国和装瓶合作伙伴签订了协作备忘录，明确了灾害发生时系统内各方的分工。按照备忘录约定，当重大自然灾害发生时，可口可乐装瓶厂需紧急调整生产运输计划，将分支机构和分销物流体系转换成应急饮用水的储备库和中转系统，遍布各地的可口可乐装瓶厂变成天然的饮用水流动仓库，就近的物流、仓储资源能够快速调度起来，以实现迅捷的物资配送。

机制启动前的一年时间里，可持续发展团队反复修改方案，在公司内部进行可行性论证，整合全国各地装瓶厂和分销商的力量。"救灾是专业性极强的系统运作，一次救灾容易，我们要建立的是在一百次、一千次救援中都能良好高效运转的一套机制。"张华莹说。

2013年4月20日的雅安地震直接将这项机制启动。灾难发生时恰好是周末，8点10分地震发生。10点整，可口可乐（四川）饮料有限公司（下称四川厂）已安排雅安当地经销商，把2000件瓶装水送到了灾区，这是第一批由企业送达灾区的物资。下午2点，四川厂发出的大批瓶装水被送往雅安受灾严重的乡镇。

几天后，当地疾病预防控制中心对灾区饮用水进行检测，水质合格率只有大约三分之一，救灾公益组织向可口可乐中国提交的瓶装水需求不断增加。四川厂领导班子开会决定调整生产计划，四川厂以及距离灾区最近的重庆厂都减少其他品种饮料生产，集中生产瓶装水，陆续发往雅安。

地震后三个月的时间里，可口可乐四川厂共计送出约240万瓶水。至此，"净水24小时"机制正式嵌入可口可乐中国的商业系统。

据统计，机制建立后的三年里，共启动122次，在突发灾害救援中发挥了积极作用，累计向灾区送出了1300万瓶饮用水，超过150万灾区居民受益，平均响应时间10.5小时。

可口可乐员工紧急赶赴灾区

有序的救灾参与机制

企业的优势是生产、仓储和运输物资。但在灾害救援中,由于无法充分掌握灾区情况,缺乏系统的救灾参与机制,企业往往不能充分发挥商业优势,甚至因为信息不对称造成救援物资运输滞后或浪费的情况。

"无序的物资救援,有时候造成的不只是人力、物力的浪费,更要命的是耽误救援。"有多年一线救灾经验的壹基金甘肃公益救灾联盟协调人虎孝君说,在雅安地震救援中,他对一件事印象深刻:一家热心企业捐赠了9万多顶帐篷,因为包裹过大,帐篷杆和布被分开寄送。结果帐篷杆到了布没有到,布到了杆子不见了,最后全部搜齐,差不多已经是地震发生近一个月后。

"净水24小时"通过机制保障突破了这样的弊端。它在政府部门、救灾公益组织和企业三方之间建立起了合作的桥梁,连接了企业内部的物资救援网络和外部的社会救灾网络,保证每次灾害发生时,各方发挥所长,展开科学、高效的物资救援。

一直以来，瓶装水是灾害救援中很让公益组织头疼的一类物资，体积大、重量大、运输成本高，还有保质期限制，公益组织购买、运输再分发到受灾居民手中，大概需要3~4天时间。

"净水24小时"机制建立后，壹基金负责备灾和救灾的沙磊算了一笔账，壹基金及各地的救灾公益组织负责提出准确的饮用水需求；接到饮用水需求后，可口可乐中国利用商业网络把饮用水送达灾区；紧接着，当地的政府机构和志愿者负责瓶装水分发。现在，物资到位最快只需要2小时，"每次救灾，可口可乐公司的瓶装水几乎都是第一批到达的救援物资"。

"可口可乐中国与壹基金的合作突破了企业参与公益的一般模式，企业不再仅仅是捐赠方、钱袋子，而将其独有的运营模式和产品优势融入救灾工作中，成为救灾机制中不可或缺的一部分。"壹基金秘书长李劲表示。

雅安地震一周年后，壹基金建立起了企业救灾联盟，并在可口可乐中国之后，也与仓储、食品、建筑、航空等更多领域的企业建立了类似的灾害救援机制。"净水24小时"更大的意义在于，探索了一条企业有序救灾、参与社会治理的新路子，"这是在探索一种新的机制，而不仅仅是是在执行一次善款。"李劲说。

二、配备管理队伍，完善管理流程

将企业志愿服务提升到战略层面，则要求在具体实施上相应其相关负责人也应选择具有一定组织决策权和业务理解力的管理者，同时成立相应的团队。该团队可以下属于企业社会责任部门或企业文化部门。负责人向企业高层汇报，把握战略方向。志愿服务负责人兼职和全职两种任职方式各有利弊。兼职志愿服务负责人能够更了解公司业务从而开展更能吸引公司员工参与的活动，缺点是时间、精力相对有限。全职负责志愿服务，其工作精力更充足，但容易将志愿服务"任务化"，脱离企业业务，缺乏激情。因此，专职负责人要多了解企业主营业务和专业知识，防止与企业经营目标脱节；兼职负责人则要保证有足够的精力管理志愿服务事务。在此基础上，志愿服务负责人才更有可能找到最具战略价值的志愿服务活动。

企业志愿服务要想做出成效并引发最深远的影响，除了要有专门部门或人员负责管理具体事务外，将执行志愿服务项目的各项流程与步骤予以正规化和程序化也很重要。因为，只有以系统性的框架规范了企业执行志愿服务项目的过程，才能真正实现志愿服务规模化和持续化，更好地促进志愿者活动。志愿服务项目的程序化管理要注意对关键点的控制，包括是否制定了详细的志愿服务活动的申请和审批流程、是否在每次活动都前对志愿者进行必要的培训、是否有固定的志愿服务基地、是否有记载员工志愿服务记录的标准文件、是否会定期对企业志愿服务的开展情况进行及时总结评估和撰写专题报告、是否有完整的内部章程、是否召开年度会议总结及讨论、是否有成熟的组织框架。这些方面综合体现了企业在组织和实施志愿服务项目的过程前、过程中和过程后的规范性。当然，在执行过程中要综合考量活动需要，避免活动流程的刻意复杂化。

三、做好长短期规划，兼顾社会效益与经济效益

企业志愿服务所带来的社会效益和经济效益并非对立，以战略为指导的企业志愿服务一定既具备社会效益又能获得经济效益。但是在选择和规划志愿活动时，要注意既不能过于追求经济效益，也不能忽视企业本身具有"追求利润"的属性，要在社会效益和经济效益之间找到平衡。因此，企业在进行志愿服务之前应做好设计，且应该有长期规划，以长期规划带

动短期活动。

兼顾社会效益与经济效益的志愿服务规划要做好两个搭配：第一，要注意基础志愿服务与技能志愿服务和专业志愿服务的搭配。将基础志愿服务、技能志愿服务、专业技能服务三类从数量、内容、形式等方面进行恰当的组合。例如思科公司，利用自己独有的资源和专长，以及遍布全球的分支机构，创建了各类慈善项目，既包括基础的捐赠项目，也包括搭建网络平台、技能培训认证等技能性、专业性志愿服务。第二，做好面向主要利益相关者和面向次要利益相关者的活动搭配。利益相关者压力激发企业对资源及合法性的需求，促使企业积极履行社会责任，而企业履行社会责任又将有助于企业价值的提高。面向主要利益相关者的志愿服务活动能够带来的经济效益相对较多，面向次要利益相关者的志愿服务活动带来的社会效益相对更多。对于主要利益相关者和次要利益相关者的志愿服务活动产生的社会联系也存在差异，在制定志愿服务计划时应注意区分。

在选择志愿服务活动前，应主动调查员工的需求和建议，鼓励员工参与活动设计，让员工有参与感，以调动更多人的积极性。在规划活动时，应该对活动效果有一定的预期，并在活动过程中有相应的把控。缺乏预期的活动会导致事后效果难以衡量，没有评价和反馈则不利于未来的提升。另外，在具体执行时，一些小型、基础的志愿服务活动可以由员工认领并自行组织完成，将企业志愿服务的管理者从简单、基础但琐碎的活动中解放出来，专注那些更能发挥企业优势、符合企业战略的活动。

最优实践七：可口可乐"520计划"

可口可乐对女性问题的关注由来已久。在可口可乐产业链上，数以百万的女性扮演着重要角色。她们有学习的需求和意愿，但渠道和资源有限。人们一般关注的是越来越多的女性成为家庭的经济支柱,在长期的实践中,可口可乐公司发现,女性,尤其是妈妈,是一个家的灵魂,决定着家庭的整体精神面貌。快乐的妈妈可以用温暖的爱和美好的生活情趣,让全家快乐起来,快乐的家庭则是美好和谐社会的基础。这正是"520计划"的初衷。

可口可乐"520计划"帮助女性实现个人成长

可口可乐"520计划"旨在通过可口可乐在全球的价值链,到2020年帮助500万女性克服发展中的障碍。在中国,可口可乐自2013年起,携手中国妇女发展基金会等公益伙伴、全国各地装瓶伙伴,致力于为中国女性提供学习与发展机会。截至2016年年底,中国已有超过27万名女性成为直接培训对象。2014年,可口可乐与中国妇女发展基金会等共同发起"妈妈家"项目。"妈妈家"集商业、家政、厨艺、护理、手工艺等培训,社区快递家政、女性座谈和心理咨询、儿童托管区等综合服务为一体,使很多留守女性社区归属感增强、经济收入增加、更加自信和独立。截至2016年年底,已有6个"妈妈家"在四川成都、雅安、乐山、眉山等地建成并投入使用，每年可直接为逾5万名妇女提供学习和发展平台。"520计划"通过线上线下技能培训、女性企业家经验分享、创业启蒙课等方式，帮助女性提升自我，改善家庭生活品质，并和她们一起为社会创造更多价值。赋能女性，不仅能够帮助女性自立自强，激发其潜能和力量，还能带动家庭、社区发展的活力。

四、探索技能及专业志愿服务，加强创新

对于企业志愿者而言，他们具备更强的专业技能和更丰富的资源，技能志愿服务和专业志愿服务是未来企业志愿服务的重要发展方向。国家也鼓励和支持具备专业知识、技能的志愿者提供专业志愿服务。技能志愿服务、专业技能服务更能够传递企业知识、塑造企业形象，甚至改变企业的竞争环境。惠普公司通过向中小企业提供免费或低价的咨询服务，既是善举，又在提供志愿服务的过程中展示了良好的企业形象，获得了社会资本，甚至在中小企业中发现了以往未发现的问题，提升了企业创新能力。

企业在探索技能及专业志愿服务时，应该做好自我分析，识别自身的业务、资源、专业知识或技能，创新志愿活动。企业要在自我分析的基础上，思考两个问题：第一，思考业务方面有哪些需要承担的社会责任，例如可口可乐生产饮料会有大量的水资源消耗，则更需要承担生态环保的社会责任。第二，思考专业知识和技能有哪些可以在志愿服务中加以利用和传播的，例如奔驰拥有强大的经销商网络，可以为社区及周边提供长效、常态化的道路安全教育体验。找到社会需求与专业知识的结合点能够帮助企业创新志愿服务。找到适合企业的技能及专业志愿服务。京东通过调研发现公益组织开展活动时存在一些不便。公益组织采购物资时，要经过复杂的流程，例如先要募集资金，然后选择物资、选择供应商、对比商家，招标，再找物流公司运输，且物资数量不够多时，采购价格可能就高，物流成本也高。这一过程也会消耗很多的人力和时间成本。而京东的一个优势就是有自己的物资，也有自己的物流；另一个优势在于它本身是消费平台，面对大量的消费者，哪怕只有1%的消费者参与进来，也能产生足够大的效益。把这些优势结合起来，能够为公益事业赋能。IBM企业全球服务志愿队项目选拔来自不同国家、具有管理与专业经验的高素质员工组成团队，派往世界各国家或地区提供专业咨询服务，解决地方经济发展、环境挑战、教育资源、人才培养等普遍发展问题，也是秉承"专长服务社会"公益理念的典型专业志愿服务。这些案例都为企业如何找到适合自身的技能或专业志愿服务提供了可借鉴的经验。

五、设计适合员工的保障措施和激励、反馈机制

企业认识到志愿服务的重要性后，应该逐步将志愿服务规范化。首先要做好规范的注册登记，按规定记录时长，并采取一定的保障和激励措施。当组织、人力、流程都得以优化布置之后，以制度化将志愿服务活动固定下来就成了企业接下来要做的事情。企业作为员工的归属组织，在开展志愿服务活动的同时，应该为员工提供必要的保障。活动前应为志愿者购买必要的保险，对员工人身安全的负责。另外，应尽可能给员工一定的带薪假日、调休等时间上的便利，例如京东设立人事制度，员工每人每年有4小时带薪假期用于参与志愿活动。也可以根据企业情况设置"志愿者月（日）"，我们发现少数企业已经逐渐设立志愿者月（日），不过比例很低，绝大部分企业没有这方面的意识。无论是"志愿服务带薪假"的实行还是"志愿者月（日）"的设立，都是解决员工"没有时间"的有效措施。

员工作为企业开展志愿活动的主体，其参与积极性直接影响企业志

愿服务的开展成效。因此，如何将员工参与志愿服务由被动式"要求"转变为主动认同，是需要企业进一步探索的方向。有的志愿服务负责人在是否要设置物质奖励、荣誉称号等措施激励员工参与志愿活动上有顾虑，认为这种激励措施会违背志愿的初衷，事实并非如此。甚至有的企业采用分配名额、完成任务的强制或半强制方式开展志愿服务。强制虽然能够让一次活动看起来成功，但这才是真正违背志愿服务"自愿"的初衷，更是不可取且不长久的方式。激励措施的目的是为了调动积极性，让更多的员工参与进来，只有大家参与进来了，才能真正为志愿服务做出贡献，志愿活动带来的积极影响才能反馈到员工和企业的发展上。京东方曹工为什么可以坚持10年在工作岗位和志愿活动中默默奉献，一个原因是他个人本身就很优秀，还有一个很重要的激励因素，就是2008年奥运会获得的"优秀奥运志愿者"称号让他受到了认可和鼓励。京东已经意识到激励的重要性，在内部会记录员工的志愿服务时长，根据时长、积极性、典型性等评选优秀的志愿者、志愿服务团队、志愿者分会等，并给予一定的物质奖励和精神奖励。志愿服务讲求的是"自愿"和"奉献"，在具体操作中，激励措施要通过分析员工的需求，激发更多人的参与意愿，但激励还是要以"奉献"为根本，奉献要多于员工得到的实质奖励。例如，评选优秀志愿者、给予荣誉称号，时长或积分兑换一定的调休时长或物质奖励等。

员工感知到的企业社会责任能够影响员工的组织公民行为，进而影响企业绩效，因此，企业需要建立志愿服务反馈机制。反馈机制能够及时向员工分享志愿服务的效果，并收集员工的意见和建议。我们在对各家企业进行访谈前，事先查阅了企业公开发布的企业社会责任报告及其以往的志愿服务活动资料等，在访谈中提及相关活动时，受访者并不知晓。这一现象说明企业志愿服务活动的宣传工作不到位，缺少活动反馈环节，一些受访者认为"做善事"没必要宣传。然而，给员工及时的反馈有助于组织形成关爱型的道德气氛。在这种气氛下，员工关注他人利益，而且员工感知到了人们对组织乃至整个社会中其他人的道德关怀，并且认为组织政策、实践和战略支持员工关心他人利益。员工了解企业的志愿服务活动会提高他们对企业的认同感和自豪感，更愿意提出有利于组织发展的建议。员工越是感受到企业是负责任的企业，对组织的认同和参与度越高，对组织的情感依赖越强，进而成为拥有高情感承诺的员工，这样的员工不仅可以全力投身于组织目标的实现，甚至还会超越具体工作的要求，自发地投入与组织有效运行，密切地联系着组织公民行为。

六、充分开展企业内外合作，解决资源资金难题

企业拥有大量的与企业、政府、社会组织之间的社会关系，充分调动这些社会关系能够为企业志愿服务带来一定的资源、人力、资金等，打破单个企业做志愿服务的局限性。亦庄控股通过企业内外合作开展志愿活动，为企业志愿服务克服资金有限、资源不足的难题带来了一定的启示，也为小企业或弱部门做志愿提供了借鉴。在企业内部，共青团没有开展活动的经费，周书记的解决办法是"党建带团建，跟党支部一起举办活动，党支部有活动资金，我们团委出人出力"，或者"跟工会一起，团委来承担一部分工作""各个部门之间，党工团之间，大家都是一家人，积极展开合作"，既能把事情做好，还促进了协作、培养了感情。在企业外，作为大企业可以积极吸纳、联络小企业的志愿服务团队，小企业也要积极与大企业沟通。每个企业都有各自的优势和局限，有的企业有钱但人手不足，有的企业缺资金但人多，各个企业也有各自的专业性，根据需求展开合作，可以弥补各自开展活动的局限，达到"共赢"的效果。

积极通过志愿服务建立与其他企业、组织、政府部门的联系，不仅可以提高将志愿活动效果，还能够提升自身的商业声誉、政府声誉，获得一定的社会资本。沙眼是发展中国家可预防性失明这一眼部疾病的罪魁祸首。辉瑞公司开发出了一种成本低廉、疗效显著的沙眼防治方法。除了捐赠这种防治沙眼的药品外，辉瑞公司还与Edna McConnell Clark基金会以及世界上许多健康组织合作，建立了必要的基础设施，并将这种药品配送至那些很少接触医疗保健甚至现代药品的人们手中。该项目在摩洛哥和坦桑尼亚开展仅1年，这两个国家目标人群中沙眼的发病率就下降了50%。自此，该项目又迅速扩大，比尔和梅琳达·盖茨基金会以及英国政府也加入了进来，其目标是要使全世界3000万的沙眼患者从中受益。在创造巨大社会效益的同时，辉瑞公司也获得了来自其他企业、政府及社会组织的社会资本，建立了将来扩大市场所需的基础设施，从而使自己的业务前景更加光明。

七、借助技术手段，建立统一的企业志愿服务平台

互联网新媒体为志愿服务活动的组织和传播带来了极大的便利。微信、门户网站、微博等新媒体已经成为目前企业员工了解志愿服务信息最广泛的渠道。因为工厂信号屏蔽、上班时间禁止使用手机等，企业员工通过朋友推荐了解志愿服务信息在部分企业当中也十分常见。通过微信发布消息、补充企业正式传播渠道，是大多数组织者的选择。在问及组织流程时，用微信宣传活动信息、员工通过微信报名是多家企业采用的组织方式，少数企业会同时在内部OA系统或微信公众号发布消息，但主要的通知和招募方式还是微信、电话等。通过团组织上传下达一般会由志愿服务负责人发消息给各团支部书记，由团支书再发动支部的员工。大部分负责人认为这样的方式相对比较方便快捷，但发朋友圈、微信群消息这样的方式

容易导致每次活动参加的志愿者"总是那些人",群体相对固定,带动效果不明显。

借助信息技术建立统一的企业志愿服务信息平台,有助于志愿服务活动的开展,提升志愿服务的效果。第一,信息平台能够汇集员工的技能、专长等信息,方便组织者为特定的志愿服务活动选择性招募志愿者。京东方曹工在访谈中也提出目前"需要一个可以用于筛选员工志愿者的数据库,例如我要组织一个IT类的志愿服务活动,就能够在数据库中筛选出来可以参与的员工"。这一平台不同于企业OA系统,需要的"不仅仅是员工的工作内容"。第二,企业志愿服务信息平台方便对志愿服务活动的流程管理,包括信息发布、征集、招募、组织、反馈等。而现有的志愿服务平台良莠不齐,平台之间各自独立,数据不互通;流程不够完善、使用不方便;平台无法与企业的信息系统关联,使用意愿不高。第三,企业志愿服务信息平台能够起到一定的宣传作用,有对外利于企业形象的提升,对内有利于提高员工的组织认同感。第四,统一的企业志愿服务平台有助于企业之间互相学习、建立联系,也有助于政府进行统一的管理和支持。

借助技术手段搭建平台,进行跨界探索,有助于打破传统志愿服务的局限性,提高志愿服务水平。京东公益"物爱相连"平台充分发挥京东自营式电商优势,从商品供应、物流配送、技术运营、客户服务等方面为公益项目提供全方位支持,打破传统物资捐赠模式,形成了"一键捐赠、物资直送"的全新模式。首先,平台上所有的爱心物资价格非常透明,公益机构和网友都可以实时查看。另外,平台基于京东强大的物流体系,可以非常安全、高效、准确地把物资送达。当网友在公益平台捐了一个实物,这个物资的物流信息可以全程追踪。最后,公益机构收到爱心物资后,需要及时地向网友提供受助人收到物资的照片、信息,让网友捐物资、献爱心更加安心、放心。京东公益物资募捐平台的这一套跟踪和反馈机制，能够有效保证网友的爱心用在受助者身上。并且通过全程透明化流程追溯展示，大大改善了捐赠者的用户体验，有助于形成健康良性发展的公益生态。京东公益物资募捐平台充分发挥京东在智慧物流、智慧供应链、大数据、无人配送等领域的技术优势，是运用技术手段进行跨界探索、提高志愿服务水平的一个范例。

最优实践八：京东"物爱相连"公益平台

京东"物爱相连"公益平台在业界率先创造了"一键捐赠、物资直送"的全新模式，以创新、阳光、高效的特性引领"互联网+公益"发展新趋势。作为民政部首批认证的13家慈善组织互联网公开募捐信息平台之一，京东公益"物爱相连"平台，充分发挥京东自营式电商优势，从商品供应、物流配送、技术运营、客户服务等方面为公益项目提供全方位支持，为社会公众提供阳光、透明的公益捐赠体验。

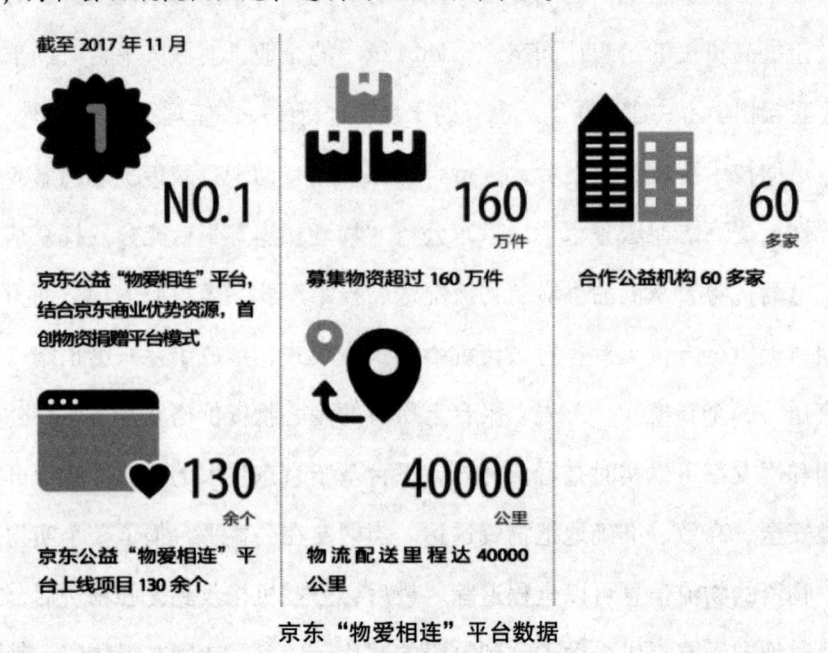

京东"物爱相连"平台数据

爱心网友通过京东App即可访问京东公益模块，浏览了解公益项目，以爱心价点选购买所捐赠项目所需物资，一键完成捐赠。之后爱心物资由京东高效的物流体系直接配送到公益项目地，由公益机构执行人员发放至受助人手中。除了捐赠物资，用户也可以通过京东金融暖东公益众筹平台为公益项目捐赠善款。截至2017年10月，平台共资助170余个公益项目。

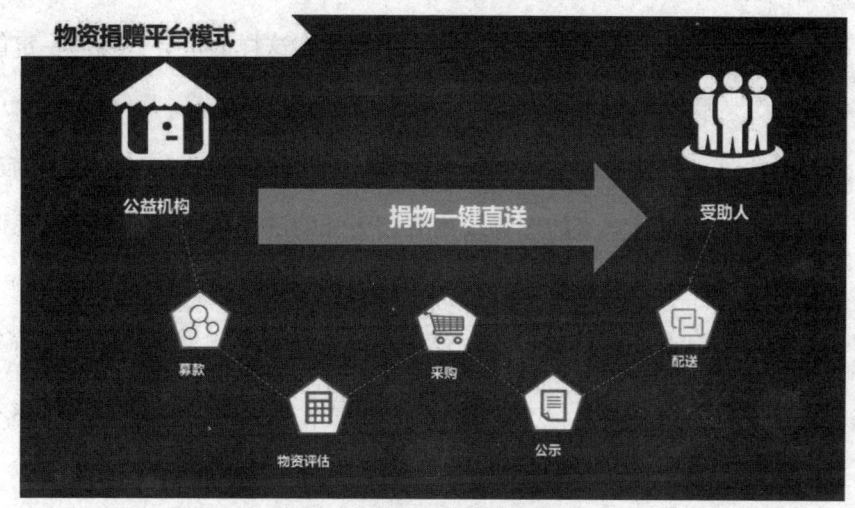

京东"物爱相连"物资捐赠模式

以京东公益"物爱相连"平台、京东金融暖东公益众筹平台为载体，京东开放自身资源，赋能公益组织，推动社会创新。

然而，并非所有的企业都有这方面的技术能力，适用于一家企业的志愿服务信息平台并不一定适用于其他企业，因此应由政府牵头、企业配合、多方联动，建立统一的企业志愿服务信息平台。该信息平台应包括政策引导、信息发布、项目征集、志愿者招募、流程管控、活动反馈、效果评估、数据统计等多个部分。要在充分了解用户需求的基础上，增强系统的可用性和易用性，通过技术手段推动志愿服务水平的提升。

八、政府部门做好沟通和引领工作，搭建合作平台

政府是国家进行统治和社会管理的机关，具有提供公共服务，完善社会管理的职能。在企业志愿服务方面，政府能够成为企业和社会需求的桥梁，起到沟通和引领的作用。一些大型活动的志愿者招募信息，企业"想参加却收不到"，亦庄控股的周书记认为"像一些大型的会议，经常需要服务类、语言类、管理类的志愿者，企业有一定的管理经验、有专门的接待服务，可能比普通志愿者做得更专业，如果有这样的机会，我们一定能够做好的"。政府部门在一定程度上能够掌握更多的信息，可以扮演"中间人"的角色，将这些志愿服务需求信息传递给企业，并在其中起到沟通的作用。政府部门对国家的形势政策有着更加明确的认知，对企业志愿服务还具有引导作用，引领企业开展更多有助于解决当前社会问题的活动。例如，《中共中央国务院关于实施乡村振兴战略的意见》发布后，政府相关部门应该引导企业探索与"三农"工作相关的志愿服务，助力乡村振兴事业。

不同企业的专业化领域不同，各个企业可以通力合作，政府可以为企业搭梯建台。政府部门搭建一个志愿服务平台，汇集各类资源，对接企业、社会组织等，能够在一定程度上解决资源不均衡的状况，保证志愿服务的顺利开展。例如，员工通过志愿服务累积了一定的时长，可以通过时长在信息平台上兑换一定的农产品、手工艺品等。这些农产品、手工艺品来自于"三农"扶持地区的。在这个过程中，志愿服务再次创造价值。而这样的过程靠企业一己之力是很难完成的，需要政府搭建平台、企业联动，共同推动社会发展。

最优实践九：京东公益救灾模式

作为民政部下设的中国慈善联合会救灾委员会的创始成员，京东与民

政部及各地民政局、地震局和各个公益机构紧密合作,探索出了"京东自捐+公益平台捐赠"的1+1赈灾模式,及"政府和机构紧密沟通+物流直达一线+京东自营物资直捐+京东小哥志愿者服务+京东网友捐赠通道"落地方案。2013年至2017年,第一时间参与紧急救灾20多次,捐赠救灾物资近4000吨。

京东集团与中华思源工程扶贫基金会签署战略合作协议

京东注重与公益伙伴合作,共同打造公益生态。2017年11月,京东集团和中华思源工程扶贫基金会开展战略合作,在扶贫、救灾及公益慈善事业上发挥各自资源优势,共同开展"百县千村十万户"精准扶贫工作,以及"七库三网一平台"公益合作,助力我国全面打赢脱贫攻坚战。

第二部分

访谈实录

富士康：予人玫瑰，手有余香

富士康集团于1974年在中国台湾省台北市成立，现拥有120余万员工及全球顶尖客户群。2016年，中国电子代工巨头富士康斥资35亿美元收购日本夏普公司，成为日本技术企业有史以来接受的最大一起海外企业收购。在业务领域外，这家实力雄厚的企业热心公益，凭借其企业社会责任体系，连续五年在中国公益节上获得殊荣。2018年6月29日，我们与富士康北京园区团委的王燕书记进行了一次访谈，就富士康北京园区的志愿服务活动做了深入的调查。

研究团队访谈富士康

◎党团管理，员工参与

问：先请王书记给我们简单介绍一下吧，咱们做志愿服务的时候，有没有一个专门的部门来负责这件事呢？或者就是您共青团这边吗？

王书记：现在是这样，因为昨天正好团委换届，小闫是新上任的团委书记，我以后就专职做党务的工作。志愿服务活动也是作为党团活动的一个部分，负责这部分工作的就是我们俩。

问：所以这些是团委书记来领导的？

王书记：对，我们每年年初会有一个活动的规划表，各支部书记去认领活动，后续也由支部书记负责组织完成这项活动。但有可能会因为支部书记工作比较忙，就和其他支部换一下时间。基本上这些活动都是支书带领，党团员积极参与的。

问：参与志愿活动的都是党团员吗？

王书记：我们有一个富士康志愿者服务队，队里的大部分成员都是年轻人，一是富士康员工里年轻人的比例比较高，所以我们的团员比例比较高，而且这是自主性选择的事情，不是我们对每个部门安排的任务；二是年轻人更有激情和热情，年纪大一些的人可能要考虑家庭、工作又很忙，有的可能身体不够好，精力上也没有年轻人那么充沛。

问：这个服务队的成员都是比较固定的人员吗？

王书记：服务队的人员大部分是随机性的，因为大家的工作时间安排不一样，还有每个人也要根据自身的情况来决定是否能参加活动，比如这方面也许不擅长或者说没有能力去帮助做什么的，可能就不会参与活动了。

问：这个志愿者服务队在官方平台上注册登记过吗？注册法人是谁呢？

王书记：我们在"志愿北京"平台上有注册，因为以前我负责团委，所以现在的管理员是我。但说实话，我们应用得不是很好。"志愿北京"要求每个志愿者都要在平台注册，但像我们企业来讲，很多年轻人都在一线工作，他可能不带手机去工作，使用电脑的机会也很少，所以这个注册的工作很难。

问：组织志愿服务一般会选什么时间呢？

王书记：我们一般会选周末，因为平时大家都要工作。

问：周末做志愿服务的话，公司会额外给员工一些补助吗？

王书记：目前没有给过什么补助，也没记工作绩效，毕竟是志愿服务。但是公司还是会统计志愿时长，年终的时候根据志愿时长进行排名，前几名会有一些奖品、奖牌或者证书之类的奖励，而且我们也会把志愿服务活动纳入发展党员的考察指标。

问：您觉得大家参加志愿活动的积极性怎么样，高吗？

王书记：说实话，毕竟我们俩在做党团工作，可能参与志愿服务更多的是党团员积极分子，普通员工来讲我们还是希望动员他们积极践行这项工作，但还是要尊重大家的意愿。

问：那会不会有一些员工只是为了完成考核而去做志愿服务？他们参与这些活动的动因是什么？

王书记：举一个例子，有时候搞完一次志愿活动，就有员工私底下问我说最近还有什么志愿活动。像敬老院活动，有的员工愿意带家属一起去。北京现在可能大部分都是外地人，背井离乡来北京打工，去敬老的时候大家就会融入上有老下有小的氛围，关怀老人的同时，自己也能得到一种慰藉。有时候他们还会带着孩子，我们会让小朋友给老人跳个舞、唱个歌。不需要专业的水准，就是互相之间的陪伴，这对孩子也是一种锻炼，所以员工很愿意参加。

问：您方便透露一下北京园区现在的总人数和党团员的人数吗？

王书记：北京园区总人数大概6000多人，团员基本上占80%左右，我们现在有12个党支部，在册党员262人，积极分子是45人。

富士康志愿者服务队与受助孩子们合影

◎ 爱在路上，与您同行

问：您能具体介绍一下志愿服务体系吗？

王书记：关于志愿服务，我们集团党委、开发区办公委党委、开发区企业党委来讲，都很重视这部分工作。我们富士康集团党委还有一个主推业务——"爱在路上，与您同行"的"6+1"活动。"6+1"就是助老、助弱、助残、助行、助洁、助学和爱心献血。每年我们都在推行"6+1"活动。

问：给我们分享几个志愿服务的例子吧？

王书记：像助老，我们跟青年汇（团工委下属的基层青年组织）一起合作，去敬老院慰问。前期青年汇做方案，我们会一起协商活动内容。每次我们动员20个志愿者，在园区会做一个"互动吧"，志愿者在"互动吧"上提供个人信息进行报名。志愿当天在约定时间到敬老院门口，我们会把志愿者服务队的队旗和统一的马甲带上，再按照策划书安排去具体分工。比如，有些人打扫卫生，有些人陪老人聊天，有些人发放慰问品。2017年我们跟青年汇还举办过整理共享单车活动等。

问：关于富士康志愿服务的内容，全国的各个园区是相同的吗？

王书记：不是的。北京园区对于集团来讲是一个小园区，真正做得比较好的还是集团党委，亮点更多、更规范，比我们做得更好，我们只是跟着领导往前走。对于各个园区来讲，它分布在全国各个不同的地区，做志愿服务工作的内容、侧重点也是不一样的。对北京来讲，就是根据当地的一些风格或者社会发展情况来开展活动。像助学这一块，我们现在长期和张家口的东卯中学进行一对一的资助，每年会派几个党支部书记或党员代表去东卯中学慰问。

问：慰问的形式一般是什么？

王书记：2017年我们是带了一些体育用品和两台夏普电视送过去，还有一些奖学金，给贫困学生们分发。

助老活动中，富士康志愿者为老人们打扫卫生

◎努力将志愿服务与专业知识相结合

问：有没有跟企业自身结合得比较紧密的志愿服务活动？

王书记：助残活动可能跟我们还有一定关系，因为我们一线工厂有残疾人。我们有些助残的活动，希望能更多地去关注他们，一线的工作比较枯燥乏味、单一，他们又是残疾人，沟通交流会存在困难。

问：为什么招募残疾人呢？

王书记：首先，招募残疾人政策上对企业有帮助。另外，一线的工作比较枯燥乏味、单一，他们又是残疾人，沟通交流虽然有困难，但是据一线领导观察，有时聋哑人的工作效率反而比正常人还要高，他们更专注、更认真、很团结，工作一致性很强，关注他们会发现他们更阳光。2017年我们去慰问，他们用业余时间不仅练习了手语舞蹈，还自编自演了一个聋哑人小品，他们很积极、很阳光，很珍惜每一份工作，所以我们的助残工作也更想关注到他们。

问：咱们的志愿服务更多的是在付出热情、劳动、时间和金钱，那有没有跟富士康的业务相关的、去输出专业知识的呢？

王书记：之前想尝试的，因为收购了夏普业务，集团一直在努力推广夏普产品，当时计划跟社区做交流的活动，一是林肯社区有便民日，我们把产品推广到社区里，一方面做自己品牌的推广，另一方面可以把我们的业务也推广出去。但是因为当时人员变动比较频繁，跟林肯社区的衔接也不是很好，所以没有继续做下去，后续我们希望能跟各个社区再做沟通，把夏普业务、诺基亚产品做到社区。再者林肯社区老龄化严重，企业的工作人员相对来说更年轻，所以当时也想大家互相融合、互相弥补一下，后续可能还会进一步去沟通策划这个事。专业知识这方面，因为我们的主要业务是搞手机研发和制造生产，产品不是直接面对消费者，我们还没想好如何把专业知识与社会工作衔接上。

◎ **细致规划，收获颇丰**

问：在组织志愿活动之前会做哪些准备呢？

王书记：会写一些策划书，比如说青年汇和我们合作做活动，他们会有策划书，我们自己做活动也会要求书记做一个策划书，策划书里面包含具体行程、参加人员、具体的人员分配等。比如说助学，我们需要准备哪些慰问品、这些慰问金怎么安排。现在慰问比较严格，报支经费需要提前跟领导审批，而且慰问金下放的时候需要当事人签字、捐赠物资也需要有签领。组织一个活动所有的流程、细节，都需要提前计划好。

问：这属于一个短期的活动规划，园区对于志愿服务有没有长期的规划呢？

王书记：长期规划就是围绕"6+1"做全年的主题工作规划。然后在"99公益日"那天，全国的各个园区都举行公益活动的启动仪式，仪式后会开展助洁或者爱心献血活动。当然这些内容我们每年都会调整顺序，像献血活动2017年是在8月底启动的，今年就提前在6月份进行了。

富士康志愿服务活动启动仪式

问：等于说咱们北京这里一年会做很多次的志愿服务活动，每年大概有多少次呢？

王书记：这个不一定。像敬老2017年是做了两次，年初一次年末一次，2018年年初也做了一次，下半年还在筹划中。

问：你们的活动内容每年都是固定的吗？

王书记：不是的，我们会随时根据实际的状况调整。比如助洁，以前是因为凉水河比较脏乱差，志愿者就去那捡拾垃圾，现在环境改善了，我们就需要把助洁规划成其他项目。还有像助行，以前冬天我们有志愿者早上在路上送爱心粥，后来助行改成了整理共享单车，现在共享单车在开发区也不多了，所以助行又要改其他方式。

问：企业为什么要如此费心费力地去做各种各样的志愿活动，您思考过这个问题吗？

王书记：做志愿服务主要是因为党团工作的需要，而且既然一定要做，投入了一定的人力物力，企业层面就希望志愿服务有一定的效果。

问：对志愿服务结果有什么样的预期或者期待吗？

王书记：预期有两方面吧。在整个集团层面来说，推广志愿活动，是对企业的品牌推广和形象推广。树立一个正面的企业形象，消费者可能不一定购买你的产品，但是了解了你的品牌，就有可能成为一个潜在的消费者。员工层面来说，在志愿服务中，员工对公司也有了更多的认同。同时，希望员工通过志愿服务，能把自身素养提升上来，互相之间协作、关爱，有这种思想意识的提高。我们在工厂或者说企事业单位办公室里，大家都是处于工作状态下，往往会忽略精神层面的一些东西。而在志愿服务过程中，会更多地体现精神层面上的东西，有了这种意识，职场上的推诿就会少一些。

问：那做完志愿服务之后，达到了预期效果了吗？

王书记：是有效果的。我们做志愿服务也是跟着集团一块儿走，其实整体来讲，我们觉得这个志愿服务还是有一定的正面影响的，对公司树立正面评价有一定的帮助，在开发区里面也得到了领导的认可；对于党员来讲，肯定还是希望增强大家的凝聚力，在转变思想意识上，会提升整个园区党团员的综合素养，党员要起到带头作用，带动员工的积极性；对于普通员工而言，我觉得在每次志愿服务之后，大家的积极性和互助关爱的品质都有所增强。

问：有这方面的例子吗？

王书记：像2018年年初的时候我们去敬老院助老，媒体记者也一起去了，记者跟我说你指定一个人做专访，在我问的时候大家都互相谦让，不是为了出名而争取这个采访发言的机会。所以我觉得大家还是有了一个挺好的精神层面的提升。在志愿服务中不涉及到薪酬，也是无私奉献的状态，没有利益上的纷争，而更多的是互相的关怀和协作。

问：您认为做志愿服务对员工来说收获是什么？

王书记：对富士康来讲，很多一线员工就是两点一线，从工厂回到宿舍，生活很单调。通过志愿活动呢，让他们更多地融入到社会里面去，这样在心理上会更健康一些。做志愿服务之后，他们对工作、生活的态度和积极性都有所提升。

◎在合作中互相学习

问：这些活动都是富士康自己组织的吗？有没有跟其他企业合作，或者其他企业发起、咱们去参与的？

王书记：是这样，我们的志愿服务有一部分是自己发起的，另一部分是政府部门或者其他志愿组织发起的。我们两个人的精力是有限的，所以招募志愿者和团工委、青年汇合作的更多一些。这样一是互相弥补，二是各有专职。但是参加其他企业发起的志愿活动很少，我们也会和其他企业做一些团建交流，但是跟志愿基本不沾边。其实在团工委那边曾经办过一个青年阅读活动，就是李老师组织一些志愿者，在暑期班的时候给孩子们做领读、导读的志愿者。但是时间不合适，我们就不太可能参加。

问：那在你们参加那些团工委、青年汇举办的活动，有没有结识到一些其他企业的员工或者是他们的志愿活动负责人？

王书记：这肯定是有的。

问：有什么例子吗？

王书记：就像团工委举办的青年阅读的一个活动，大家经常在一起分享自己的书。我带一本书你带一本书，大家互相推荐，互相介绍一下，互相认识一下。先做自我介绍，然后再互相推荐自己的书，互相就认识了。参加团工委或者青年汇的活动，各个企业的人都有，时间久了大家就互相认识了。

问：志愿活动有没有和这些企业一起合作的经历？

王书记：我们曾经和京东方做过团建交流，就是把一线的组长聚集起来，大家互相交流一下一线的管理经验、工作模式；前一段时间我们策划小微志愿服务，京东方的负责人也说互相沟通看能不能一起做一个志愿活动，互相弥补，因为每个企业都有各自不同的特点。

问：通过这种方式能不能带来一些资源共享？

王书记：其实是可以的，像我们富士康就是人比较多，大部分的时候我们在人力上大力支持，不同企业的专业度不一样，像京东，电商平台就是他们的特色，这就是不同企业的风格不一样。在活动中需要人力支持的话，我们提报的人员会比较多，可能别人在其他领域专业度比我们强，我们就跟着别人的专业度的知识。

问：在和其他组织合作进行志愿服务活动的时候，志愿服务的对象都由谁负责联系呢？

王书记：都会有。像敬老活动是由青年汇跟敬老院联系好，而东卯中学是我们自己做的，所以我们有专门的项目负责人去联系东卯中学的校长，负责沟通慰问、家访的情况，负责人就是支部书记。

问：您认为志愿服务会让政府提高对你们的认可度吗？

王书记：那肯定会的，而且开发区团工委每年都会有志愿者表彰，也有优秀的基层组织表彰，这就是一种认可。其实我们自己做志愿服务也是帮助社会做服务，对政府来讲整个社会的发展需要咱们各个企业员工的支持。身在企业我们是职工，在企业外我们是社会人，所以志愿服务也是服务于自己。予人玫瑰，手有余香。做志愿服务、服务社会的同时，我们也是享受了这种服务的人。

问：如果一个企业获得了政府的认可，对企业有比较实际的影响吗？

王书记：实际一点的就是政府肯定的项目会有资金的支持。我们在申请的时候会做好规划，比如小微志愿服务我们有一个爱心志愿服务岗，那么对整个志愿服务岗的规划、需要的人力、需要哪些培训、哪些费用支持、大概的费用预算都花在哪些方面等，会做一个策划书交到上级，然后上级再请专家评审对项目分期，前中后期分期资金支持实施这个项目。

◎资金困难，不懈努力

问：做这些活动，有没有遇到什么压力或者困难？

王书记：经费是有限的，并不是所有的项目政府都有资金支持，而且因为富士康内部流程管控比较严，像这种不是主营业务上的经费，支持是有限的，团组织活动大部分都靠党组织经费往这边拨。

问：富士康的高管层面是如何看待党团工作的？

王书记：大部分的高管还是台湾人，党团这块信仰还有差异，所以说党团工作我们只能说通过园区党总支努力，毕竟在职的大部分还是大陆人，靠大家的力量去推动我们的工作。

问：党总支书记在集团有行政职务吗？能参与战略决策吗？

王书记：行政职务没有，现在他是设备部部长，从他职位来讲，他是没法参与公司的战略性决策的。

问：公司在做整体的战略或者决策的时候，这边是没有发言权的吗？

王书记：是，但是我们也在想办法看看怎么能跟高管联系上，毕竟党团的部分工作是助力企业转型发展的，所以我们也在努力地跟上级领导打交道，做出一些业绩让领导看到党团的力量还是可以影响公司发展的。

问：党团助力转型发展，您有什么具体的举措？

王书记：比如说现在，咱们党总支书记和党总支的整体规划，我们有一部分业务开展就是推广夏普销售。还有岗位练兵、技能大赛和一些社会针对大学生组织的模拟销售，让没有进入职场的人来体验一下职场状态。

问：想把销售跟志愿服务结合起来，是需要和专门的销售部市场部协调吧？有没有具体的例子？

王书记：对的，我会跟那边提前交涉，因为要用他们的场地，要写申请。比如以前，我们一期在南门有一个互联网体验店，是对外开放的，因为在厂区里，商业气息没有那么浓，现在关店了。在关店之前我们会跟社会上的中心合作，这个中心主要针对北京市重点中学的学生，他们现在研究一个课题，就是让中学生能够提前进入职场感受、体验，这在他们高考的时候，对选择专业有一定的帮助，所以我们会带这些学生到体验店做一些产品的体验。还有就是刚才我说的,跟他们的负责人做沟通搞一些夏普模拟销售,开展一些销售技巧的培训等。

问:富士康本来有自己的市场和销售,党团跟志愿服务结合起来,他们那边会认可和配合吗?

王书记:我们做了几次活动还是挺配合的,像这个体验店本身位置比较偏僻,不是商业区,不会有很多消费者,那我们把人请来了,他们有时间在这个体验店里看产品,如果有需求的话就会和我们联系,我们也有专门的配送和物流。毕竟都是为了企业的利益,这是一件对企业品牌推广有益处的事情。

京东方：青年奉献，产业报国

京东方科技集团股份有限公司创立于1993年4月，是一家为信息交互和人类健康提供智慧端口产品和专业服务的物联网公司，目前在全国已经有15条生产线。京东方是中国唯一拥有全部知识产权的此类公司。创立至今，京东方一直秉持着"创新技术与管理，为客户提供满意的显示产品和服务，为利益相关者创造最大价值"的理念，在志愿服务方面也同样为社会做出了卓越的贡献。2018年7月4日，我们采访了京东方北京亦庄B4生产线的工程师兼志愿者协会负责人曹工，他分享了在京东方十多年的志愿活动经历。

研究团队访谈京东方

◎助老助幼，旧物捐献

问：可以请您先介绍一下自己吗？

曹工：我是2004年加入京东方的，原来一直在B1那边工作，也是从作业员、组长、班长一步步到现在的工程师。现在亦庄的这条生产线叫B4，我是B4志愿者协会的负责人。

问：这个志愿者协会成立之初是怎样的？

曹工：是企业自己先成立的，肯定要跟上级组织建立联系。志愿者协会的上级组织是大兴区志愿者联合会，因为这是在"志愿北京"平台注册的，而"志愿北京"是归大兴区志愿者联合会，我们要成立一个项目，需要在网上登记提出、经联合会批准，才能开展项目包括前期的招人和记录时长。与此同时，志愿者协会又属于团口下的一个部门，而我们单位的团委跟开发区团工委是上下级关系。在现实工作中我们与开发区团工委的合作会更多一点，包括2018年有个小微志愿服务项目的评选。

问：您能介绍一下目前厂区的人数和做志愿服务的人数吗？

曹工：现在厂区有8000人。我们做志愿服务实名注册的人并不多，不超过100人。这可能跟学校不一样，学校的话操作简单。我们即便有8000人，但是公司的电脑现在已经屏蔽了，用手机注册也太困难，我都是拿自己的笔记本电脑注册的，我觉得比较热心的人也会一起给注册上。他们自己回去注册的话，也不方便，这个流程不是特别顺畅，所以我们实名注册的志愿者只是特别热心、跟我参与过两次活动的。这样我就给他提供一个平台，让他注册一下，做得多一点可以记录时长，如果只是做一次就不好记录。

问：除了您是负责人以外，志愿者协会下面的会员呢？

曹工：骨干和活跃分子，基本上就这两类。我刚刚也说在"志愿北京"的平台上实名注册的不超过百人,大概90多人,但是注册的人他们就是种子选手,主要的骨干是10个左右的团支部书记,他们能够帮我一把。

问:您再介绍一下目前京东方的志愿服务情况吧?

曹工:好的,从我个人的出发点来讲呢,我从2004年加入京东方之后,就带着当时班组里的员工去马桥烈士陵园扫墓,或者去敬老院里慰问,这是最初的一种原始思维吧。在我离开B1以后,开始去打工子弟学校关注弱势儿童,一般是捐衣物或者捐善款。我的想法不论是北京关爱学校,还是在顺义的南法信镇,不论是监狱服刑人员的子女、贫困孤儿子女,还是打工子弟学校,都是我们关注的重点。助老助幼,这是常见的志愿服务方式,也是我们力所能及的。

京东方志愿者前往光爱学校

问:咱们志愿服务主要有哪些类型呢?

曹工:青年员工要服务奉献社会,要尽力、尽自己的能力去服务。但是跟其他企业比起来,我们可能没有太多的资金去捐献。只是在地震的时候,我们在汶川有一条生产线建设,那时有过现金形式的捐款,平时都是在党工团的指导下鼓励我们志愿者协会去做一些力所能及的事。比如，拿出几千块钱，采购一些物品去帮助那些需要帮助的人群家庭；比如，我们去一个山村的关爱学校，也是一个民办学校，它没有经济来源，学校运转的资金都需要自筹，像这样的学校，我们可能就买一些米、面、油、水果、被褥，包括玩具给孩子们。所以我们的志愿服务方向的就是利用空闲时间，去做一些义工的服务性工作，有时也会用党团捐助的钱款去采购一些物资。整体来讲，我们的活动可能时间会比较多一点，数量多一点，种类主要是在助老助幼和贫困山区帮扶弱势人群。

京东方志愿者去泰福春养老院送温暖

问：大概多长时间会进行一次志愿服务？

曹工：每个月至少应该有一次。

问：平常志愿服务的时间是集中在周末吗？

曹工：不是，我们的志愿服务活动时间多数是在周一到周五。我们是流水线工作，每天都有倒班休息的人。周一到周五精力肯定会更好，因为周末的时间，多数忙于家庭和孩子，时间有限。周六日的活动有时也有，比方，开发区组织越野跑，都会安排人参加。但周一到周五的时候，你用我两个小时，我跟领导一说，就会精力充足地把这个事做好，我就亲自去做。

问：一般开展志愿服务的流程步骤都是怎样的？

曹工：一般是我先策划一个方案，跟公司的团委书记汇报，他认可我的整体思路，就能给我批下来。基本上这个项目你得确保几点：第一我不会跟你要钱；第二我会召集各个支部，需要不超过10个人；第三完成后需要汇报成果。反过来，如果开发区需要人的话，不论是需要几个志愿者，还是需要团委出人，这任务也会落到我们志愿者协会头上。

问：会给这些志愿者一些评奖评优或者带薪假期、调休吗？

曹工：没有，我没那么大的权力，评奖属于业务上的一个评优，应该由他的主管科长领导来评价。公司也没有关于志愿服务带薪调休或者假日的规定。但是我是不用调休的，领导会支持我用2个小时就去做这个事。支持我们用这个时间去做志愿工作。因为我们做液晶显示屏是有波峰波谷的，现在是处于波谷阶段，人员比较少。如果时间允许，我跟领导说一下，安排三五个人跟我一起去参加志愿活动，领导也是认可的。

问：如果在这方面遇到了问题，需要去找谁解决呢，是业务层面的领导还是党团层面的领导？

曹工：一般是找团委书记，他主要负责团口的工作，也主管我们志愿服务。

问：团委书记是兼职的还是全职的？

曹工：兼职，他在我们业务层也有任职，是企业文化中心的科长。企业文化中心分党、工、团的办公人员，一共十几个人。企业文化中心负责企业文化宣传和运行，包括统一的对外宣传、政府公关、运作企业文化等。企业文化中心的最大领导是总监，总监向总经理汇报。总监下属一个部长，部长是工会的主席。部长下面就是负责群体员工的群工科、负责党员的党务科，还有负责企业文化的宣传、司报、宣传栏等的企业文化科，企业文化科的科长同时也是团委书记。

问：能不能跟我们介绍一下您觉得做得比较好的一些志愿活动项目？

曹工：我们组织捐衣服的活动比较多，已经持续两年了。我们宿舍区目前住了六七千人，设置了2个回收衣物的箱子，大家平常把换季的、不要的，包括也有少量离职人员的东西放进去以后，我们分拣，然后捐赠给中华慈善总会、1+1善、开发区委每年固定组织的捐衣服活动，还有我们自己运输到顺义飞蚂蚁、E家、随手工艺等。

京东方志愿者协会前往河北捐献衣服

问：这个活动是怎么周转、开展起来的，能和我们分享一下吗？

曹工：这几千人的衣服，以前他们都是直接扔垃圾桶，后来我发现捐衣服第一不涉及到钱，大家都不敏感。既然你有不需要的衣物，我可以把这些东西变成捐献物资，和接收的部门搭个桥就好了。但这个过程一定需要公司总务部门安排房间、存储衣物的柜子，需要3到10个人收拾打包分类装箱。我还要去找资产管理科要打包的纸箱子、要买胶带，还要把它们装好了再运过去。现在装衣服的两个铁柜子还是国新街道团委书记"赞助"的，是他们不用的早餐车，我把活动照片贴在上面，还有大家捐东西需要一个花名册自己登记一下。我只要每天过去看看满了，就收集整理打包，这样就行。

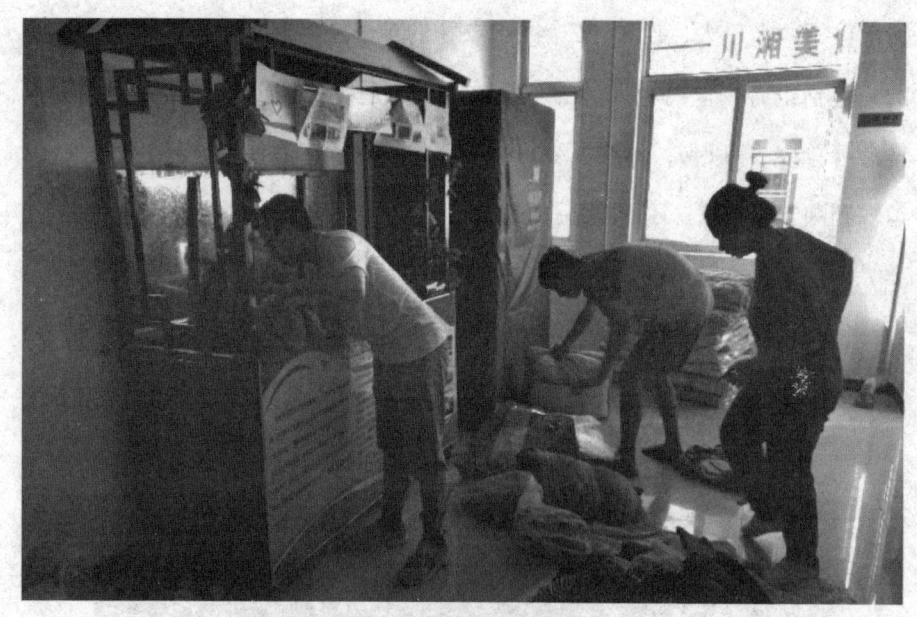

京东方志愿者在宿舍区内打包收集旧衣服

问：像您之前组织的活动有没有跟业务有关联的？

曹工：我们的业务是生产，你说与生产液晶显示器有关联，那个就不是志愿者的事了。牵强地说，也算有吧，比方说，组织足球篮球排球比赛的时候，我组织一些人去搬搬水、维持现场秩序或者是当个啦啦队，这个严格上来说，算不上志愿者活动。企业内部我们希望有这个服务其他人的这种理念，比方说确实是有员工贫困或者是生重病，那我去牵线跟领导汇报，领导同意后我再组织一些捐款活动。组织员工本人捐款，组织申请工会的支持，这些可以算是服务员工了，其他的就比较牵强了。

京东方志愿者协会在教育基地做志愿者

问：志愿者服务可能更多的是出一些人力和时间，有没有捐助或者输出一些京东方独特的产品或者技能的？

曹工：我理解。比如在成都和合肥，我们内部交流的时候，谈论过他们开展的项目。京东方生产台灯，就是那种LED的很漂亮的触控的台灯，我们曾经捐赠一些台灯给贫困山区的孩子，那个项目叫"照亮成长路"，可以帮助他们学习、写作业。这是我们京东方自己生产的产品，算是输出了产品。京东方以生产液晶显示器为主，还有台灯和太阳能电池板，我们自己生产的东西，只有台灯可以满足最直接的捐赠需求。捐电视吧，说实话成本挺高的，捐一个32英寸的需500块钱。捐多了，成本就太高。捐库存的吧，也不太合适。所以这个事不是我能说了算的。我们生产的都是中大尺寸的电视，也不适合直接捐赠。

京东方"照亮成长路"项目

问：还有什么可以分享的活动？

曹工：除此之外，我们公司有很多的纸，原来是打碎当垃圾扔了。后来有"一张纸献爱心"活动，把能够进行二次回收的纸张，再回收利用，减少秸秆或者木材的消耗，减少碳排放和废水的产生。所以我们就把那些纸在确保没有泄密的情况下，散碎或者用水打湿了，捐赠给一些项目。

◎ 志愿14年，源于最初的激励

问：您有没有考虑过企业为什么支持这些志愿服务活动呢？

曹工：大家多少会了解京东方这个老国企的背景，在20世纪90年代的时候，经历了经济运转模式的变化，走上了股份制改革的道路。董事长王东升先生首创提出的债转股，把欠银行的钱转成股份。说既然都是国资背景，银行是国资的，我们也是国资的，所以说大家都称他们银行成立了一种经济托管公司，类似于把这个债务转成股份，然后去运营它。在这种情况下,企业终于有了起色。当时王东升董事长才三十多岁,他希望产业报国、做实业,做晶体管和电子管,后来又做这个CRT的显示电视。

问:所以这个和我们京东方的企业文化密切相连的?

曹工:那企业发展如此,从我最初入公司开始,就听董事长的教诲,肯定是产业报国,京东方走过了这十几年的艰辛历程,到现在终于可以列入世界的前三名。所有员工都是受着这样感染,我们企业文化墙上的三多精神,就是"多从自身找问题,多想办法,多为攻克难关挑重担",激励着每个员工为企业解决各种各样的困难。从大方向来说,我们产业报国,就是需要青年员工去服务奉献社会,尽自己的一些时间和力量去做义工、做志愿。

问:作为您自己来说,您为什么能够不间断地有热情去做这件事?

曹工:我是从2005年开始做志愿服务的。2008年北京奥运会的时候,我就是在路面做执勤志愿者,就是现在路口的拿小旗子的执勤人员,做路面执行、路口维护什么的。当时我们挺辛苦,用小中巴车拉到马桥的路口,分三个大路口,那一年路面执勤的人也不少,我还获得过一个北京2008年的优秀奥运志愿者的称号。我就觉得这是有自己的情怀和荣誉夹杂起来的一种结果。以前说那个标哥是一种暴发户似的志愿,说拿钱堆一堆,然后特别喜欢曝光,我不管它背后是什么,但他一个初衷就是小时候就被别人夸奖过,然后他特别喜欢被夸奖的感觉,为了这种感觉付出多少都无所谓!

问:那您做这件事是不是也没有太大压力?

曹工:对,在我来说,这个事并不会牵扯太多个人的精力,只要每个月做一点,可能大家都觉得这事就不赖。其实我并没有做太多,只是有时候打个电话,有的人正好有时间,而领导需要、我这有想法,我就做好联络,这个活动就算做成了。我把公司的志愿者协会的活动做好,公司领导也支持,部门领导也会认可,这样的话整体上我就没有困难。最早开始做志愿服务,就是2008年的奥运会。那时候不是说志愿者的微笑是最美的名片嘛。2005年我在B1的时候,是没有志愿者协会的,2006年我做了一些活动之后,公司领导、党工团看到这件事是必然的,加上2008年马上奥运会了,所以在2006年年底成立了志愿者协会。2011年我来这边的时候也没有志愿者协会,直到2012年成立了协会,这也算是我推波助澜的。既然有了,那就得做,所以就一直做下来了。

京东方志愿者协会路口执勤

问:您知道协会里的骨干或者积极分子,他们为什么愿意做这件事?

曹工:其实骨干人员就足够了,我们绝大部分作业员都是来自农村,都干过农活,那这点活简直就不值一提。比如,有的人年幼时受过他人资助的。比如,他小时候家里边比较贫困,上学可能都没钱,不论是政府也好,还是志愿者也好,给过他资助,所以现在他想回馈社会了;有的人性情特别开朗,就想干点活,觉得自己年轻有力量,就想去做点帮助别人的事儿,这是一种自我实现。我们去孤儿院,看那些孩子孤苦伶仃的,就去帮忙搬东西干点活，这就挺好的，是吧？所以参与志愿服务就会感到特别快乐的。还有就是，我有活动需要从团支部要人，有的团员不一定是志愿者，但是他可以跟着我一起去做活动，或者团支部书记或支部委员有时间，他们也可以成为积极分子。也有一些党员自愿加入到志愿者队伍里。

问：您做了十多年的志愿活动了，对您来说得到了一些什么？

曹工：其实你说得到什么，红本本倒是有一堆，就是优秀团干部、优秀党务工作者这种。工作上就是优秀员工，我们没别的评优评选。比如说，我做了一些党工团的活动，可能出点小名气，如果本职工作做得不好，也不一定被推荐做志愿者。所以在来这边之前，在B1的时候优秀员工比较多一点。来这边就是优秀团干部，可能开发区的优秀团干部比较多，因为团口是我做团支部书记工作时，志愿者也属于团口下面的。还有在2013年的时候，有过一个大兴区的"先进植树志愿者"称号。

问：这种荣誉也是对您这份工作的一个肯定。

曹工：其实我的收获就是能够视野更开阔一点，不仅仅是企业里的一个技术人员或一个科室里的工程师而已。还有就是能认识一些朋友。

问：您通过参与志愿活动，还认识了其他企业？

曹工：还是靠咱们开发区团工委。在参加开发区团工委的活动，比如小微服务项目的时候，正好富士康的团支部书记坐在我后面，我们就互相加个微信，平时可以互动。我虽然没去过他们企业，但是至少在团口这个平台上，是可以了解其他企业的，听他们的发言，知道他们在做什么样的服务项目，看看这个企业的发展情况。开发区一共多少企业、哪些企业比较大、哪些企业组织过什么样的活动，都是在这个平台上了解到的。

问：除了通过这些认识的人知道他们的活动之外，也会了解一些他们的业务，在认识和技能上有没有一些帮助呢？

曹工：因为认识肯定会有帮助，但是技能没有，因为工作性质不一样。虽然我不了解他们企业的内部，但是大概能知道点。企业之间会有人员流动的，对于制造型企业来说，员工每个月百分之五六这样的离职率很正常。尤其是一年中的4月份到9月份，离职率可以达到10%。那从别的企业离职了，可能会来我这，那我这来面试的时候，也会听到这些员工讲一讲他们企业的问题。所以在这个过程中也能增加一些对开发区其他企业的了解。

问：像您在这儿，从2004年到今年工作14年了，这跟您一直坚持在企业里做志愿服务有关吗？

曹工：也算有点关系，因为制造体系来说，其实任何一个公司，研发人员、管理人员都是金字塔的尖，那中层管理人员和一些技术部门，比方维修设备的是金字塔中间，再往底来说，就是制造体系部门。在制造体系的部门里，就算你是工程师，跟研发体系的工程师也是不一样的，你的可复制性是很强的。如果我一直在制造部门，就会比较苦闷，这种倒班也好，进产线也好，生产也好，其实你个人需要一些调剂，也需要一些东西来刺激你。虽然我身边同事也是换了一拨又一拨，但是一直是比较乐观开朗的人，包括我自己也想去做一点事，得到一些社会的认可或者自我的认可，这也是对我坚持做十几年的一种激励。

问：像那些参加活动比较多的志愿服务队里的骨干还有积极分子，他们在本职工作中也是表现特别积极的吗？

曹工：也是，他们这些人都是比较乐观开朗，工作比较积极的。他们工作能力强，业余时间也愿意拿出几个小时来做志愿服务。这就要讲到员工的职业生涯，在这个企业里他工作两到三年，基本上也就走一批人了。有的人回老家，有的又接着上学，有的觉得压力大、换个企业或者去别的城市。而乐观开朗的人，实际上他愿意利用这个时间做公益。

问：他们参加这些活动会不会觉得对这个集体更认可？

曹工：也会。其实这就像我们说的优秀是一种习惯，优秀的人他就喜欢做优秀的事，不愿意做这些事的人，即便动员他也很费劲。志愿活动里的骨干人员，在工作中也一定是骨干。

◎活多人少，经费有压力

问：通过您刚才的描述，能够感觉出您对志愿服务的热爱，那在这个过程中，您遇到过什么困难呢？

曹工：你要说到困难呢，比如说是开发区的活动，我会开车带大家一起去，不会让大家自己掏车费。现在我们的整体运转模式并不是很好，第一，现在只有我负责这份工作，如果我走了，没有一个人能立即接替我，可能会有一个断档期。作为制造型企业，特别是我们这种一线作业员的更换速度是非常快的，8000人一年可能要换掉3000。我们原来也有一个服务时长非常久的员工，他后来离职了，这就导致没有那么多能待得住的骨干可以培养；第二，活动组织的人并不多，参与的人也不是太多，更没什么钱，领导是关注你、支持你，精神上奖励个证书，但是没有资金支持。

问：就是也会有缺人缺钱的时候，也会有压力的时候？

曹工：第一，压力一定是有，真的是活多人少；第二，希望领导的支持力度再大一些，比如说我希望能有独立的屋子，我们一直是跟别人合作，占用他们办公室的一半做周转，而且资金紧张没有钱买编织袋装衣服，只能用公司的纸箱子，但纸箱子很大，车又很小，我每次把后座都塞满了，也不过就20个箱子。还有那边宿舍也不是我们自己的，是租用的宿舍，很不方便。这些事都不怎么顺，什么事都顺畅了，估计就没故事了。

问：您现在是跟别人租用办公室作为一个活动场地？

曹工：那是宿舍区的一个宿舍，是楼管阿姨的屋子，这半她们用，另一半我用。听起来好像在诉苦，实际上就是每个企业的运转都不一样。既然你做调研，我就觉得京东方是领导真的支持认可，但是又没给什么资源，小微服务项目如果真的有点钱，我能让志愿者们做得更多一点。2018年我组织了一次献血，献血一直以来是我特别想在公司里组织的活动，公司领导两次审批都没批准。后来我就在宿舍，方便一点。开始我就想找谁来抽血？是红十字协会，还是通州区血站？这是不一样的。如果是红十字协会，政府是不给任何支持的。如果是通州血站来，政府可以给每人400块钱的物资补助。那我肯定选后者。实际上大家不都是冲着钱物去献血的，但是如果有的话，就会10个人变成20个。那天来了近80个人抽血，其中有60多个人合格。开始我特别忐忑，既怕人少也怕人多，人少了活动组织不起来，人多了拥挤，造成一些管理上的困难。还好80个人，正好。

问：您觉得企业怎样去建立志愿服务的模式会更长久更有效呢？

曹工：首先像现在这种大数据云平台的，团员体系如果有一定的数据库的话，可以在平台上进行企业团员的数据收集工作。组织活动的时候，类似于在平台上发布来召集人，这个人群参与度可能会更高。现在虽然微信很发达，但是我不可能建立一个几千人的微信平台去召集人。所以我希望能建立团员平台，筛选出合适的有技能、有一定时间的积极分子，然后再寻找正规的体系下的活动参与。其实之前的小微项目，当时有的企业做活动是需要人，他有钱有点子但需要二三十人的支持，他不知道从哪找人去；那我们呢，有人但没钱，我也没有太好的点子，但有力量没处用。可能一个好的信息平台，企业的部门之间、企业间、企业和政府之间的信息流通，可以让这种志愿服务运转得更好，会更好地传承下去。而不是像现在这样简单地助老助幼、捐衣服。我希望做得更直接、更有意义些。

赛升药业：真情服务，温暖人间

赛升药业成立于1999年，是一家专注于研发、生产、销售生物药物的高新技术企业。赛升药业工程设备部是赛升药业的辅助服务部门，部门只有区区20余人。但这样一个小部门却用自己的力量将志愿服务做得有声有色、温情满满。2018年7月6日，我们邀请到了工程设备部的部长助理张书记参与访谈，深入了解工程设备部的志愿服务情况。

◎ 结缘消防队，由服务到互助

问：请您简要给我们介绍一下工程设备部吧？

张书记：我们部门全称叫工程设备部，分了好多块，比如说我们负责网络、安全、环保、计量，还有机修、电工以及库房的管理。

问：应该是算做一些辅助性的工作？

张书记：对，我们可以说是为公司服务的部门，我们部门管理的东西比较杂、比较广。比如说厂房设施外围的大小维修，车间的设备维修、巡检之类的，加上维修的时候需要一些备品、备件，可能还需要采购，我们有一个设备的库房，网络监控也归我们，加上负责安全环保健康、ESH部门环保。像现在国家对环境保护特别重视，加上安全的安检，一些职业健康、职业卫生体检，还有像我们车间涉及到一些噪声、噪音什么的，这些都涉及到职业健康，每年也都给他们定期做一些体检。所以说我们部门可能管的事情比较多，现在又有一个新厂区，大概在凉水河那里，也需要我们。

问：咱们部门大概有多少人？

张书记：我们现在是24人。

问：您在公司担任什么职位呢？

张书记：我的直属领导、工程设备部的部长刘工今天比较忙，所以他没过来，我是部门的部长助理。我们公司也有党支部和团委，我本人也是团委的，我们下设几个支部，我是第四支部的书记。

问：你们这边有志愿者注册吗？

张书记：注册的话，小微当时通知写了，我在"志愿北京"这个项目注册了一个。

问：员工注册了吗？

张书记：员工层面的话，应该是没有。目前我知道的也是针对这些项目，确实注册过，但毕竟也没多长时间，有什么具体的内容，也不是特别了解。

问：给我们介绍一下志愿服务都做了哪些工作？

张书记：最近的"小微"主要是内部，我们本部门的人。这个东西做完之后也会代表公司，但是实际操作的是我们部门，刘工带领我们。因为我们本身就是服务性的部门，就本着真情服务的思想来为大家服务。我们部门内容比较多，有维修，有电工。我们隔壁有个消防队，他们也有一些紧急维修什么的，有时会找到我们。从2002年到今天我们一直在做这个事。2002年开始他们找我们，因为离得比较近，有一些紧急维修需要帮着配合一下，我们就去给他们提供一些帮助。当然他们是消防队，我们部门管理中的一些消防安全、应急预案演习等培训，他们也会来定期给我们培训，讲解一些消防安全的知识，让我们增强消防安全意识，包括一些火灾应急处理等，他们会提供一些培训。有一次他们还给我们送来了一面锦旗。当时刘工特意提醒我挂在库房里，说你们天天干活，看到这个，就会更有责任心，好好干！

问：互相之间都很认可，我为他做点事，他们也会为我们做一点事，对吧？

张书记：对，中国人讲究一个礼尚往来嘛。这是单位跟单位之间合作，他们找我们解决燃眉之急，那回头他们给我们培训，我们也增强了安全意识。现在社会都特别重视培养安全意识。

问：那些参加、提供这些服务的人，一般都是我们设备部的维修工，还有哪些员工会参加呢？

张书记：一般有紧急情况，肯定是先联系领导，领导会根据我们工作的需求，联系维修的班组长。维修有很多人，我们有一车间的维修、二车间的维修，还有治水间、空调机房包括电工等外围。如果有紧急情况，就得联系他们，给予一定的配合。等问题解决以后，我会记录一下，比如说维修灯具、库管出东西等，我们肯定得记录一下，这一条龙服务就下来了。

问：给他们提供服务的这些员工，有没有给他们一些时长记录、奖励或者积分？

张书记：因为这是我们部门内部的，所以这种实质性的东西，可能不是特别多。比如说他去维修了，我不能说因为他维修，就给点奖励吧，没有这样的。

问：那您记录吗？

张书记：对，因为我们本身就是干这个的，哪坏了，我们肯定做报修记录，到年底了会有一些汇总。从这个记录就能分析出来，比如说车间哪台设备坏了、报修了，可能修好之后两周又坏，这一年下来就能知道维修了多少次，就能分析出这台设备是由于厂家的原因质量不好，还是操作者原因导致的。所以说我们会有一个简单的记录，这也是我们工作的一部分。

问：刚才看了您这个报告，咱们去维修的事，不仅仅是消防支队吧，也帮其他一些企业？

张书记：对。那个消防支队和消防中队是主要的，正好今年（2018年）开发区有一个小微志愿服务项目，如果这个项目资金批下来，我们可能会在这个基础上增加更多的志愿服务，像社区、敬老院这些社区类的服务。

问：就设想将来把范围扩大一些？

张书记：对，因为企业在不断扩大，我们准备完善一下工作内容，还能增强一下彼此之间的友谊。因为这企业与企业之间也会有交流，我会咨询人家：你们啥时候有活动？我们借鉴一下，就是方案也好啊，就这样。

问：我刚看了两个小微项目，都是说党支部加你们维修部？

张书记：对，但是像这种维修类的，实际操作主要是我们。这种志愿服务，我们公司党委、团委肯定会支持的。

问：做维修项目需要一些器材，这些费用怎么办？

张书记：首先我们部门就是给公司干这个的，有一个备品备件库，都是给车间维修准备的。我们会根据公司的一些采买计划，把志愿服务当中消耗的器材也挂上，定期提交采购计划。但是平时有那种零零散散的，比如说一个螺丝刀工具这种小的支出，可能维修人员自己就出了，这种资金主要由个人出资或者公司内部采购。

◎留心生活，热心公益

问：您的直接领导刘工，他也是特别重视志愿服务这件事吗？

张书记：对，因为我们本身就是服务性的部门，我们做这些事，做着做着可能慢慢就做大点了，企业、各部门，包括领导在内都觉得挺好的，刘工一直都很重视这个工作。

问：领导们有没有提到过为什么觉得这件事值得做？

张书记：还是本着真情服务的思想。我们部门负责一些维修或者电工的日常工作，为大家服务都很正常。当时可能没觉得，就是做点好人好事，慢慢就做出来了，就形成了一个项目。并不是说我们公司有团委，开发区组织志愿活动，然后我们去参加。我们一直做这个事，做着做着，就这样做起来了。

问：也是发现了真正的需要，所以就一直这样做？

张书记：对。因为消防队他们也有需要，每个企业性质不太一样，他们有这种需求，我们正好干这个，可以解决他们的燃眉之急。而且对于我们来说这也不是特别费事，有些时候像信手拈来似的。像他们给我们培训，对于他们来说也是很简单的事情，对吧？

问：您觉得如果把这个服务范围扩大了，再接触到一些其他的企业，能不能从他们身上获得一些经验或者资源？

张书记：那肯定的。比如消防队，我们可以跟他们学一些安全消防的知识，还有消防演习，这对于我们企业提高安全意识是很重要的。认识的企业多了，人脉也增加了，偶尔问个问题也是很正常的，比如说他们团工委组织的活动，有些事我不太懂，我就直接咨询一下，也增进了互相了解。

问：有没有可能通过这种服务，企业之间达成一些合作？

张书记：我觉得是可以的，就是联合嘛，联合办，能达到的。

问：像这些去帮助维修的员工，他们做这件事情的时候是不是认可自己的工作？

张书记：对，他们本身肯定是很认可的，也很愿意去干这事，因为他们维修过一些东西，对他们来说也有帮助，我可以带你们去看看门卫的消防中控室，都有一些相应的资格证，他们干这事肯定有相应的标准或者资格，有能力去干。现在消防中控证、低压本、电工本等，他们都有。刘工本人学习，我们组员也都愿意学习。

问：您刚才说对员工自身有帮助、获得一些资格证，是通过去消防中队帮忙吗？

张书记：不是。他去消防队是积累一些维修经验，我们企业如果需要资格证的话，他就要考这个证，企业会根据具体情况报销一部分费用，有的是个人想考的，跟自身发展有联系。

问：这些志愿服务会不会对员工的思维有所启发，对他解决问题的能力或者一些创新的思维有锻炼？

张书记：这是有的。我们是药企生产，如果由于设备原因影响生产一天，这个问题就很大了，对吧？但是可能这台灌装机突然坏了，维修的时候缺个能替换的轴承，而仓库里没有，临时状况你让采购去买，但是这东西需要从厂家预订不能当天做出来，这时候怎么办？这时候就想到，如果其他车间今天没有生产任务，可不可以把二车间的零件先拆下来代替到这块，这不就解决了吗？这样就不会耽误生产了，这就是换一个思维嘛。

问：刚刚我还看到有一份希望之家的材料，给我们介绍一下吧。

张书记：希望之家是这么回事，有一次我们大领导出去办事，他看到青云店镇那里有。后来开会的时候提到了，刘工知道后，就说咱们可不可以组织部门用微小的力量帮助一下，我们的帮助对于他们来说可能是杯水车薪，但是通过这种关爱，能够影响更多的人。这个活动我们从2015年开始做，一直延续到今天。

问：这位领导是？

张书记：我们公司的一个常务副总经理。他以前就知道希望之家，有一次一起出去，也是巧合，领导留心了，到那之后就抱那些孩子，临走的时候孩子们都不愿意让他走。后来我聊天无意间说了，刘工就上心了，就说咱们部门先小范围地帮助一下，就这么实施了。

问：发现了这么一个契机，然后把它做下去了？

张书记：对。说是契机，但是绝对是发自内心的，并不是说因为我做好人好事啊，别人夸奖我或者得到一些荣誉，绝对不是这样。

问：那实际上是不是也得到了一些荣誉？

张书记：荣誉的话，证书没有，口碑还是有的，比如说我们做这事，各部门都知道了，也觉着挺好的，现在再加上申请，团口那头也都知道，大家都口口相传。

问：其他部门知道之后有向你们学习吗？

张书记：确实有过，生产部问过我。其实每个部门都有自己的文化活动，这也算一个部门的文化。我们现在目前为止资助过三名小孩，一个叫浩青，一个叫文芳，他俩被一个意大利家庭和一个美国家庭给收养了，现在还有一个叫勇贤的小男孩。这些孩子都是患有先天性疾病的，我们部门主要以乐捐的形式，内部自筹资金，有的部门有一些经费的就拿出来一部分。

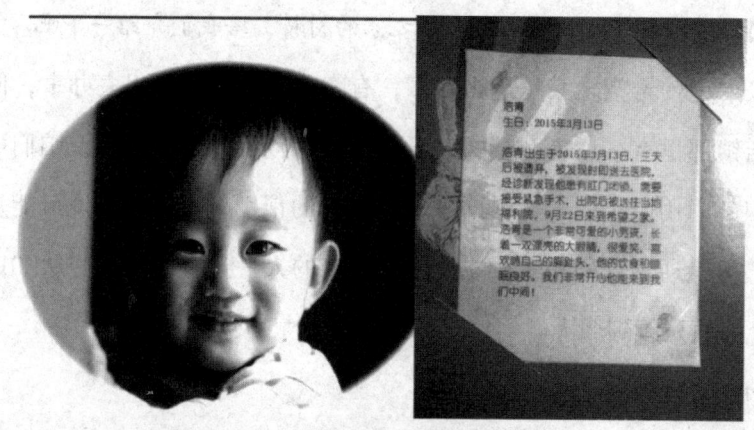

赛升药业资助的儿童浩青

问：那咱这个部门经费是公司给拨的团建经费吗？

张书记：不，这个部门经费不是团建经费。我今天跟您说的只是针对我们这个部门活动，团建党建的那块是辅助，这个费用绝对不是团建的费用。

问：我们关心部门费用是怎么来的？

张书记：我们每个月每个员工会有一些绩效，那个绩效需要打分。比如员工的绩效是300块钱，他个人得了80分，三八两百四，剩那60块钱就放到部门经费里头，部门留下这个经费可以部门聚餐或者做一些有意义的事，像搞个活动、搞个知识竞赛，给大家买点奖品也没问题的，就申请一下，然后找财务报销。

问：那还挺有意义，用剩余的那些钱去做一些有意义的事。

张书记：对，而且我们领导挺体谅员工的，比如说到六一儿童节了，给有孩子的员工买点玩具之类的，小孩升学的买个小书包，这个书包我那会也挑了好长时间。或者组织一些激励性的活动，我们2018年就搞了一个技能大赛，主要是针对他们维修的。比如说我修一个东西、拉个圆，用什么设备拉，谁拉得最圆，部门会给你足够的时间去学习，然后再组织竞赛。既增加了兴趣爱好，也提高了操作能力，你就知道自己跟别人差距有多少，潜移默化地通过这种方式激励员工。

◎ **在真情服务中成长**

问：我们这个部门的氛围应该特别好吧？

张书记：嗯，我们部门男生多，总共女生才3个人。

问：员工积极性会受到志愿服务的影响吗？

张书记：会影响到一些，像我们党支部，有一个员工家庭条件挺困难的，党支部就拨了一些资金来资助他，他给做了一面锦旗表示感谢。

问：做这些活动对这个团队、这个部门的环境气氛有没有影响？

张书记：肯定会有影响，我们资助一个小孩，每次去看的时候，大家就会说，看看咱们部的那个小儿子去。感觉就像家庭一样。因为我们这个团队有一个理念，要做最融洽的团队。我们要把这个服务做好，不能说做得特别好吧，你至少尽力了。然后我们也是通过这些技术手段、维修操作手段，解决一些日常问题。我们现在的员工，收拾家里房子还是没问题的。比如说楼房装修、日常电工，自己会修了，也给家里省点钱。

问：工作和生活融为一体。

张书记：反正凭着心走吧，起初我们做这个也没想到说是志愿服务，我们思想很简单，消防队那头找我们，我们愿意为你帮忙；助养儿童，我们也资助一下，做着做着可能大家都知道了。

问：从公司层面有没有这种专门的志愿服务团队？

张书记：没有，虽然我们有党支部、团委，但是这些支部书记、委员都是兼职的，没有专门的部门或者什么团队。

问：做这个志愿服务，领导或者公司层面对您有没有什么要求，比如要做什么或者做几次？

张书记：没有，因为这些本来就是自发的。

问：你的直属领导要求多做一些？

张书记：是这样，我们这个是做着做着就自然而然成流程了。比如我们助养的那个小孩，给他助养费用，上半年时就把上半年的助养费用交了，下半年再交余下的费用，一年就两次。每年我们还会组织去探望，至少上半年一次、下半年一次，买一些他们需要的东西，那个孤儿院不是说你想买什么就买什么，他们有个网站，我们会根据他们的需求去购买，比如说近期缺药品、水果等。这是一条龙的，我给他汇去助养费用的时候，提前在部门申请，是乐捐的方式还是使用部门的经费？孤儿院每年都有助养人年会，会邀请我们去参加。

问：一年下来，大大小小各类的志愿服务能做几次？

张书记：大概15次左右。比如维修，一个月平均得找我们一次，这很正常。我们再慰问两三次，再送去助养费用，加上组织乐捐行动，平均下来一年15次左右。

问：那我们做志愿服务是在周末还是在工作日？

张书记：有时候是工作日去，有时候是周六日加班的时候去，周六去的稍微多一点。

问：助养活动都是谁去？

张书记：我们这个团队不是都去，去太多人也不好，因为那的孩子都是有一些疾病的，去太多人可能会打扰到他们，所以说我们每次去的话3~5个人，就一辆小轿车能装下的人数。

问：这些人都是休息时间还是说调休？

张书记：我们就正常加班，不占用大家的休息时间，问：那咱们这边允许在加班时间去做这些活动吗？

张书记：对，其实这也算部门的一个建设，这事有人性化的一面，你看也不用占用你特别多时间，平均下来我们慰问两次，顶多是两天时间。

问：比如说咱买东西探望的时候，买一些药品或者水果。那缺药品的时候，咱公司不是做药的嘛，送的是公司自己的药，还是其他厂家的药？或者是他们指定的品牌？

张书记：他们会列出一个清单，能够满足他们的，我们就给带来，但有些药品我们没法提供。

问：根据咱们自己的情况提供？

张书记：对。他们有一次需求鞋套，我们库房就有，我就可以出啊。但是药品他们规定的品种我们没有，网上买的质量不能保证，所以这个有困难我们就不提供。

问：明白了，您还有没有什么其他的故事可以给我们讲讲？

张书记：我们党支部资助大学生，还有送温暖送冬衣的活动，这些年年都有。一部分是我们自己组织的，一部分是根据政府或者开发区党建团建官方发布的活动，比如健步走，我自己也参与。

问：像您参加过这么多活动，不管是以活动组织者的身份还是志愿者的身份，您觉得自己有哪些改变？

张书记：我们的工作跟生活有时候是分不开的，比如说我组织一个活动或者配合其他人工作，对为人处事、沟通能力、组织协调能力、管理控制策划方面的能力的锻炼等，都是有帮助的。像我们部门也是传承一种文化，我不知道你们听没听说过"6S"，就是整理、整顿、清洁、清扫、素养、安全，一会儿我带你上办公位看一下，我们工位上规定每个区域放什么，6个工位基本上都一样，是领导带领我们规划的。也是领导心细，带领得好。

问：这也是您的一个成长过程？

张书记：赛升给我的东西确实很多，像我们刘工，他最大的优点就是信任员工、敢于放权，这不是谁都能做到的。他交代给你一个事是足够相信你的，不管你干得好与不好，这个态度很重要，他敢于放权，敢于给我们成长的空间。而且他真的是特别重视志愿服务，从小微开始的一个辅导会、答辩会，都是他亲自到场的。你步入工作岗位以后，有一个好领导、一个好的团队，这个氛围会影响到你。首先，我们这部门男生多，再加上领导比较随和，给我们足够的信任。其次，我们赛升吃住都管。吃住是两大问题，尤其是在北京，咱就不管工资多少，这两点就很让人安心。团委也是我来赛升后成立的，我在学校里就是预备党员，我把组织关系转这里了。这个部门，相对来说比较杂，安全、环保、计量，还有校验设备，都是大的业务。

问：你们互相之间的交流能学到很多东西？

张书记：对，我们这几块将来都可能成立单独部门，现在办公室是一人掌握一块，比如说管库房的，物流、供应链就没问题了，基本上，从采购到东西入库、再到员工拿走出库，这个流程往大了说就是库房管理。我自己的工作也比较杂，可能业务比较多，需要有一定的业务沟通水平，抗压能力也得有。

◎志愿服务不断完善

问：你们以后有没有想过有意识、有计划地做一些志愿服务？

张书记：对，我们确实有这个计划，比如说助养、乐捐或者志愿义工，我们现在给它排出一个时间表，在6月中旬、8月、9月做计划。现在我们公司也在不断壮大，人员分配也逐渐增加，以后可以提供一些上门服务了。

问：您看将来有没有可能把它发展成为一个业务呢？

张书记：这个可能会有吧，还在不断完善之中，现在大伙都是干这个，可能以后发展好了，即便不成立专门的志愿部门，就是部门内部有人专门负责整理，也挺好的。

问：有没有想过其他形式的志愿服务？

张书记：新的志愿服务形式，比如刚才您说的，因为合作我有一些工作上相关的客户，可以取人之长、补己之短。他们有一些经验，到公司来给我们讲讲课、培训培训，比如像人力资源，有的商务性比较好的公司给我们讲讲商务礼仪，或者说像联谊也好，与外边合作。我们可以互相配合、互相了解、相互学习。

问：我们在看赛升资料的时候，知道赛升是北京医药行业协会的副会长企业，还有一个跟北京首儿李桥儿童医院合作的活动，您清楚这个活动吗？

张书记：这个我不是特别清楚，但是您看到了就应该有，只是我不知道。因为我们这么多人、这么多部门，我也不是了解所有情况。

问：应该是跟药企和医院合作去献爱心的一个活动。

张书记：献爱心活动类似的我听过，肯定是有，但是我不知道细节，这个情况可能是党支部或者公司高层领导会清楚一些。

问：你们做这些志愿服务有没有什么压力？

张书记：压力的话，我们的资金有限，现在只能是尽部门的绵薄之力筹集资金，只能用部门经费或者员工捐款。有了小微项目以后我们也申请了，不管这个资金能否申请成功，志愿服务我们都会一直做下去。

问：一年给小孩助养费要多少钱？

张书记：一个月200元，一年2400元。其实还不算多，我们还能承受。但这个是助养，我们还会去慰问、探望，会买一些东西，这也是需要一些资金的。像维修，有一部分是公司，还有一部分零散的工具，可能就员工自己出了。经费方面，解决起来不是那么容易。

问：那您觉得做了这么多事之后，获得一些什么好处呢？

张书记：对企业文化的发展会有一些帮助。我们部门也是主管安全，安全是大家的事，但是有一些东西要我们操作，安全月搞一些活动，包括你看到的那些标语都是企业文化的一部分。

永康公寓：合作共建，水涨船高

　　永康公寓是由北京亦庄投资控股有限公司投资兴建，由北京亦庄置业有限公司提供物业服务的一处大型租住公寓。永康公寓入住企业数量多、活力足，员工年纪轻、思想新。针对这一特点，在北京亦庄投资控股有限公司党委的倡导和支持下，置业公司党支部充分发挥党组织作用，打破传统党建模式、统筹党建资源，以特色"党建+"形式为特点，创建了"亦家园"党建工作品牌，建立"亦家园"永康公寓党群工作站。"亦家园"通过一系列志愿活动服务青年，打造属于入住员工的梦想家园，并进一步升级为"红色亦站"。2018年9月21日，我们与永康公寓"红色亦站"站长王一凡进行了一次深入的交流，了解了他们对于企业志愿服务的探索。

研究团队访谈永康公寓

◎五站合一做大事

问：请您先给我们简单介绍一下这边的情况？

王站长：我叫王一凡，我们这个公寓简单给您介绍一下，我们这个叫永康公寓，建于2007年，主要是为了解决开发区企业的职住平衡问题。我们基本只针对企业出租，企业租房再给他们的员工。我们现在出租率几乎是百分之百，服务的企业比如加多宝、奔驰等，这些大型企业的员工都安排在我们公寓。

问：其实并不是出租房的性质？

王站长：对，这个相当于企业员工的集体宿舍，他们的员工大部分都是外埠青年，而且都是一线员工，每天在线上工作比较辛苦，所以他们每天除了在公司8小时，有的是10小时的，下班后就回到公寓来。因为是外埠青年，他们没有太多的事干，所以我们这个工作站也算是应运而生的，就是为了更好地服务他们的业余生活。一开始想解决他们8小时之外的生活问题，通过活动跟他们交流，所以说就有了我们五站。

问：那我们现在这个站的情况是？

王站长：其实我们这里原本的名字叫五站合一，后来叫"红色亦站"。这五站是哪五个呢？这五站有我们物业的党群工作站、开发区团工委的青年汇、街道的社区工作站、工会的工会服务站以及组织部的统战攻坚工作站。我们现在五站把物业也算上了，物业也参与很多活动和服务。原本大家都各自搞活动，有时候你搞一个乒乓球赛，我也弄一个乒乓球赛，资源就重复了，那不如大家一起资源共享，有人的出人，有力的出力，一起把活动做好，内容也更丰富点。

问：这个站负责志愿服务吗？

王站长：我们这里有一个志愿者服务队。小的是志愿者服务队，大概有40多人,刚才外面的展板,并不是我们一手建立的,因为以前就有很多青年喜欢参加工会的活动,我们做的就是把松散型组织变成"正规军"了。这40多人虽然有所流动,但主力还是固定的,他们都是住在园区里的人,是各个企业的青年,我们平时搞活动都是靠他们做策划和组织。

永康公寓志愿者服务队

问:都是自己策划和组织?

王站长:对,我们可能会参与策划,但主要的工作是给他们出资金、提供支持,他们有创意、有思路。这不中秋节马上到了吗?有很多青年中秋节是不回家的,甚至过年也有回不了家的。所以中秋节的时候,我们安排一个手工制作月饼的活动,就是手工月饼DIY,现场还可以吃。同时我们还会介绍中秋节和月饼的常识,或者说中秋传统知识问答。像这样的活动我们有很多,都是青年们自己策划的,他们都是牺牲自己的时间,策划、管理,今天晚上他们会在这里策划这些事情,包括场地的布置、后期的宣传,这也是当时报北京市小微公益之一的活动。我觉得这些青年公益,并不一定非得走出去做多大的事业,你为别人服务,牺牲自己的时间为他人服务,这也是公益活动的一种,这就是我们小微公益的一种体现吧。当然除这种小的公益,还有一些大的公益活动。

问:这个"大公益"能为我们介绍一下吗?

王站长:我们自己有一个"亦家园"爱心联盟,"亦家园"就是亦庄的"亦",家园嘛,我们永康公寓的党建品牌叫"永康公寓梦想家园",就是希望通过我们的服务,能让这些外来的打工青年在北京有一种归属感。也希望通过我们的服务,让他们在8小时之外有所收获,希望他们能够实现自己的北京梦。所以我们想既要有梦想,又要有家的温暖,就叫"永康公寓梦想家园",是我们的党建品牌,这个也上过北京卫视和《人民日报》的报道。

"亦家园"爱心联盟成立仪式

后来随着我们园区内小的公益活动的开展,我们就想:这公益到底可不可以走出去?后来我们就联合了一些开发区的企业。首先是联合了开发区比较知名的企业,比如中芯国际、加多宝、木北造型,还有农商银行和工商银行。我们联合他们之后,就想着大家一起走出去做公益,比如我们去过张家口和武清,去过张家口养老院,去过张艺谋当年拍过电影《一个都不能少》的那个学校。现在那里还是那么穷，没有任何变化，学生越来越少，以前有200多人，现在只有三四十个学生，老师也走得差不多，但是我们都尽可能地帮助他们吧。

爱心联盟走进张家口下井沟小学开展志愿服务

我们帮助他们，并不是靠物质上的帮助，更多的是想着联合一些企业做公益，比如木北造型，我们跟他们集团很熟，他们的党工团支部都是亦庄置业帮忙建立的，木北造型人数很多，现在有300多家店，所以他的集团很大。帮助他们建立党支部后，我们就联合木北造型，还有口腔医院，给那些困难的孩子送东西，木北免费给孩子们理发，口腔免费给他们看看牙齿，我们公司很多留学生给孩子们分享在国外遇到的一些人和事，然后有什么美景什么有趣的事，通过这种活动来温暖当地的小孩。我们还去养老院进行帮扶，就在今年10月17日重阳节，我们准备去一趟诚和敬，那是一个咱北京市比较有名的养老机构，到时候我们准备带着企业和青年志愿者一起去。

求义存利：企业志愿服务运作模式与最优实践

"亦家园"爱心联盟走进张家口小学开展"与爱童行"公益活动

◎ 发挥专业特长，合作才能共赢

问：怎么考虑和这些企业一起联合去做这些项目的呢？

王站长：我们是国有企业，应该承担国有企业的责任，除了经营责任，还有社会责任。既然社会责任在我们的肩膀上，就可以在发挥社会责任的同时，拉着民营企业一起向前走。大概是这个思路吧。

问：怎么选择爱心联盟的企业呢？

王站长：这个像木北，美容理发别人干不了，就只能他来干，我们也是借助他们的特色吧，同时也宣传他们。其实我们爱心联盟一开始是商家比较多，因为商家喜欢我们物业，我们公司掌握了开发区很多的楼盘，他们希望借助我们走进这些楼盘，同时也宣传自己，在公益的同时宣传自己。其实任何的活动都不能一味地讲奉献，尤其是跟商家，如果只讲奉献，并不是长久之计。我觉得任何活动都是双赢的局面才是最好的，这也是我们搞活动的一个基本保障吧。

问：志愿活动大概是多久开展一次？

王站长：小的志愿我们是常年在进行着，比如说每周六晚上我们会免费放电影，两年来从没间断过的；大的活动会根据节日或者联合爱心联盟的企业，看看大家有什么需要的，我们都会临时组织，每年的大型公益活动会有三四次吧。

"亦家园"向新疆捐旧衣公益活动

问：你们做志愿服务有没有什么长期的规划？

王站长：我们经常在一起开例会，比如每月5日开个例会，看看有什么活动。长期的规划一般都安排节日活动，像植树节、中秋节、元旦、春节、元宵节，我们都会有固定的安排，再比如篮球赛、足球赛、羽毛球比赛这些固定节目，是一定要搞的。

永康公寓"公益杯"羽毛球比赛

问：平时所有活动都会做策划吗？

王站长：肯定都要有方案。我们现在的模式是，小的活动谁牵头、谁报方案。比如说青年汇想搞一个手工拉花的活动，他就要向上级报方案，然后拿来我们一起讨论，大家一起商量说需要什么人力，需要哪些帮助。然后我再对方案略作修改，上报我们单位，领导批示后，这个活动就可以办了。大概是这样的。

问：这些活动都是会报预算的吗？

王站长：分情况，有的报预算，有的是合作企业自己出。比如我们去张家口，预算2万，那可能我们要花4万。我们会跟这些参与的企业商量，每个人每个单位都分摊点，大家都会出一定的费用。所以钱有时候我们可能会出一大头，或者说小型活动有企业自己就出了。资金来源不是定向的，包括企业文化建设费，还有街道的专项拨款、团工委的拨款、各个单位都有专款，各个口都有自己的经费。

◎给青年一个可以圆梦的家

问：那为什么要开展志愿服务呢？

王站长：我们就是希望通过这些服务和活动，能让外来的打工青年在北京有一种归属感，希望给他们带来温暖。开发区的一线员工流动率非常大，他们有的已经不在永康公寓住了。我们现在入住的企业是70家，也就是说开发区有70家企业跟我们签合同。他们员工住在这，跳槽很容易，如果跳到70家之外，就可能没法在这里住了，但是他们还会周末回来，继续帮助我们做这个事。

我们志愿者服务的队长叫张兴华，他以前是开发区威讯的，我曾在北京市宣讲的时候讲过他，他一直投身于咱们的青年服务，后来他离职去别的公司工作，就不在永康公寓居住了，但是他平时还会回来，继续服务这些青年活动，还会继续策划，像这个做月饼就是他策划的。他们对永康公寓还是很有感情的，不管人去了哪里，还会回来继续做，都是利用自己的业余时间去帮助大家。这还挺感动我的，其实我们最终达到目的也是这个，就是希望大家能够把永康公寓当成自己的一个家。

问：有没有因为在这里住着有家的感觉，所以离职会减少？

王站长：对，这也是我想说的，其实做任何事情都是围绕中心工作的。包括我们物业为什么要五站合一，为什么要搞这个党建，为什么把我们这个800多平方米的屋子改造给大家搞活动。就是希望通过我们党建的服务，服务中心、服务大局。

问：像你们策划这些活动，有没有更高的指导原则或者是共同想要达到的目标？

王站长：其实能维系到这几个站在一起工作，最好的原则就是服务这里的青年，不管哪个机构，服务好青年，就是把我们所有的人聚集在一起的一个理念，所有的活动都是为了如何能够让青年更感兴趣、如何能够吸引青年、如何能够让青年有更高的收获，这就是我们最高的理念。

问：其实是给这些青年一个自我实现的机会。

王站长：对，我们也希望做成这样，就是说给他们提供一个环境，圆他们的北京梦，甚至说"今日永康入住者，明年家乡建设人"。从小了看，在永康公寓住，你在工作岗位上有所提高了。往长远看，不管是否继续在这儿工作，都是为你的单位做了贡献。第二个如果将来离职了，你想去其他地方的话，我也希望在这里的收获可以为你们创业或者其他工作打好基础，就算回家了，我觉得在北京的这段经历，对将来也有所帮助。总而言之，不管你将来干什么，只要你从永康公寓走出去，我都希望你从这儿有收获，都会辐射到你将来的任何工作、为人处事，我希望都能够帮助他们。

问：您觉得做志愿服务给这些青年带来了什么？

王站长：从青年来说，首先，我们给他们提供家的感觉；其次，我们给他们做一些技能培训，希望他们在这些活动中有所收获，锻炼自己的能力，不仅是沟通能力、组织能力或者动手能力，我们也教他们Office软件，希望通过8小时之外的活动反哺他们在8小时内岗位上的工作，有一个提高；第三，我们的活动也是一个青年们沟通交流的平台。就是带大家献献爱心，通过这个方式帮助他们树立一些正确的三观，希望对他们以后在社会上或者为人处事上都有所帮助。

问：那参加志愿服务的青年，他们自身会有什么变化？

王站长：从小公益来说呢，我觉得变化还是很大的。就拿张兴华来说，其实他以前不是很爱说话，现在通过这些活动，变成了特别爱说的人，很有热情。大家都是青年人，可塑性还是很强的。在这个环境下，大家的沟通能力真的是有所提高，性格也会变得开朗一些。人就得跟别人交流，如果你不跟别人交流的话，渐渐的性格也不好了。大公益还是以企业为主、青年为辅，而且更多的是以我们单位的团支部青年为主。

◎爱心汇聚，共建联盟

问：那对于和咱们签约的这些企业而言呢？

王站长：第一，员工的流动率降低了，这是绝对的。如果你不住在这，跳槽走了，你可能会住在隔壁的马驹桥。我不知道你们去没去过那里，马驹桥小小的一个镇里住了好几十万人，这是现状。可能一个大通铺住20个人很正常。但是如果在我们永康公寓住习惯了，他就不会接受这样的居住环境。只要你从永康公寓离开,如果不是那种三居室、两居室或者一居室,不是那种家庭用房,几乎都达不到永康公寓这个标准。而且这里有很多青年跟你聊天,可以交到很多朋友。第二,降低了企业的人工成本,加大了意向达成率,像威讯这种,如果说你的员工安排在永康公寓住宿,可以带他们来先看一看这个住宿环境,这样员工的入职会更容易。因为现在求职很难的,开发区人工成本在逐年提高,如果带他们来这转一圈的话,对他们招工也是有帮助的。

问:那永康公寓或者咱们物业在志愿服务中又能收获什么?

王站长:对于我们物业来说,通过文化烘托也就是软实力,一个是我们物业水平提高了,跟企业联系更紧密了;第二,我们的出租率从2014年的40%上升到现在100%,物业费合同额从1400万到现在的4100万,都是有很大提高的。不能说全都跟志愿服务有关系,但是我觉得肯定是有一定影响的。

包括"亦家园"爱心联盟,有很多都是我们入住的企业,我们现在只是带他们做公益活动,随着活动越来越多,联系越来越紧密,我们现在叫公益联盟已经不太贴合实际了,可能叫共建联盟更准确一点,共建联盟就是由公益上升到党建联盟了。现在,我们跟其中很多家企业都签约了,是党建联盟,比如农商银行、工商银行,以前在公寓推销理财产品,现在我们跟他们是党建共建签约一起。比如说前两天我们开展了一个活动,叫"银企共建、青年走进银行"活动,就是让大家来体验一下,走进这个银行当一天的职员,来看看银行是怎么工作的,也可以让做财务的青年体验,因为我们财务跟银行对接很多,来银行工作一天,这样更有助于工作的开展。我们跟长子营镇进行了共建,有春风行动帮助长子营镇的青年直接来我们公司就业,包括刚才说的木北造型,一开始只带着他们做活动,后来他们觉得这个活动挺好的，我们也是党建共建联盟，现在我们帮他们成立党工团支部。

公益活动，我觉得不光是公益活动可以渐渐升华，还有党建活动。因为我们本来就是一个党建品牌，我们的物业或者说我们物业企业和青年都有所收获，既服务了中心工作，又履行了我们的社会责任，所以说现在整体是一个良性的循环。

问：做了这么多活动，和周围企业关系特别好，他们能提供什么呢？

王站长：他们不需要提供什么，我们就是希望借助他们的力量，一起做志愿服务。因为每个单位都有自己的特色，比如木北是理发的，我们有时候一起做活动，他们就给企业员工免费理发；比如我们跟都乐关系特别好，做公益活动走进都乐，他确实也进来卖货，当然可能会便宜一些，这样我们员工既可以买便宜的水果，又不用大老远跑到都乐水果店，同时他们又有销售额。做任何活动，我觉得最好的是三赢或者双赢的局面，谁也别吃亏，因为只要有一方吃亏，这个活动就做不长。大家都乐意，这事就做得长远。

木北造型走进永康公寓义务理发

问：你们形成这种公益联盟，对于整个区域的建设有没有一个向好的作用？

王站长：领导以前给我们定义过公益活动，一定要带动整个区域化经济的发展。这个区域化经济，往小可以说永康公寓，往大可以说开发区甚至更大。现在我们爱心联盟上有50多家企业，今后还会涵盖得更多。对于这50多家企业，其实你帮助他们在公益活动中宣传了，他们只要有所收获，不管是企业宣传，还是员工层次提高，他们通过公益活动跟我们建立了联系，或者跟其他的企业建立联系，大家打造一个和谐的团体，我们觉得就是为区域化经济建设做出贡献。我们以前是一个点，现在是一个面，大家一起做公益活动，就涵盖了开发区的很多点，大家一起进步，就是区域化经济的一个成果。所以说做任何事往高了说，就是为了推动区域经济建设，为了服务新区。

◎走出去，引进来，再创新

问：那政府层面有没有给你们提什么要求？

王站长：没有，也不需要。在完成基本工作的同时，公益活动算是我们一个添彩的项目，当然也是我们必须要做的，所以说我们基本上不用政府来动员。政府这边更多的是给我们牵线搭桥、提供资源，团工委、闫书记都给我们很大的支持。有时候我们有想法，需要政府比如闫书记给予我们支持，所以特别感谢团工委给我们提供这么好的平台和资源。比如前一阵我们团委去上海漕河径开发区，就是闫书记帮忙联系的。

问：你们集团的领导对志愿服务有要求吗？

王站长：怎么说呢，其实公益活动做得好不好，全看一个单位的领导对这件事重不重视。我们集团是很注重这个公益事业，我们底下的子公司也全力配合，都很重视。我们集团的董事长白总，他对团的工作、青年工作和公益活动，非常重视。我们单位很多高层对团的相关工作包括这个志愿服务都很看重。

问：那集团层面有没有自己独立管理志愿服务的部门？

王站长：有，我们有志愿服务大联盟。集团团委2018年5月9日刚成立，我也是很荣幸成为团委的文体委员，我们打造了一个"1+3+3"的品牌，主品牌这个"一"叫"亦控"新青年，下面有三个子品牌、三个机构。三个品牌分别叫青年学、青年说和青年行。三个机构呢，第一个就是青年志愿大联盟，刚刚起步，我们各个团支部的志愿服务机构都并入了作为二级机构，包括"亦家园"爱心联盟。因为我们集团在开发区掌握很多的资源，包括各种行政资源、区域资源。我们希望通过现有的资源，把这些企业拉进来让大家一起做，把它做大做强。

问：集团层面做志愿和咱们子公司做志愿有什么区别呢？

王站长：集团是善于打造品牌，打造志愿品牌，它涵盖的东西要很多。我们子公司也有自己的品牌，只是品牌比较小，所以子公司更注重的是打造自己的特色，根据每个公司特色来打造品牌。比如说我们有一个博大水务公司，它的志愿团体叫斑马鱼，斑马鱼是一种小鱼，它是检测水质的，如果水质不好就没有活力了，水质好它就特别有活力，这就象征着他们团支部的青年一定要特别有活力。这个"斑马鱼"起得特别好，也有他们的特色。那我们叫"亦家园"，因为我是做物业，所以说我们希望每个单位做出自己的特色，往集团方面靠，烘托集团。集团介绍我们的品牌，介绍志愿服务大联盟，一看下设有这么多有特色的团队，就形成了自己的模式。

问：我看在网上你们参加过挺多活动和采访的，来采访的媒体是不是也不少？

王站长：酒香也怕巷子深。有的时候从集团层面考虑的话，你既然做了，做得还挺好的，那你不如加重宣传，集团给你这么大支持，也希望能打造出这个品牌。

"亦家园"登上《北京日报》头版

我们这个站其实是开发区工委组织部牵头合作的，有一些做得不错的，他们就上报到北京组工网，北京电视台党建进行时栏目觉得我们干得挺好，给我们做了一期节目；后来《北京日报》也过来采访，还有党报先锋部落前几天也过来了，《人民日报》我们也上过头版。有的是我们公司自己的资源，但也有一部分是因为做得不错，过来采访我们。任何事干得好是必须的，但是宣传好也是重要的，二者缺一不可，这样对整个集团的品牌形象提升也有作用。

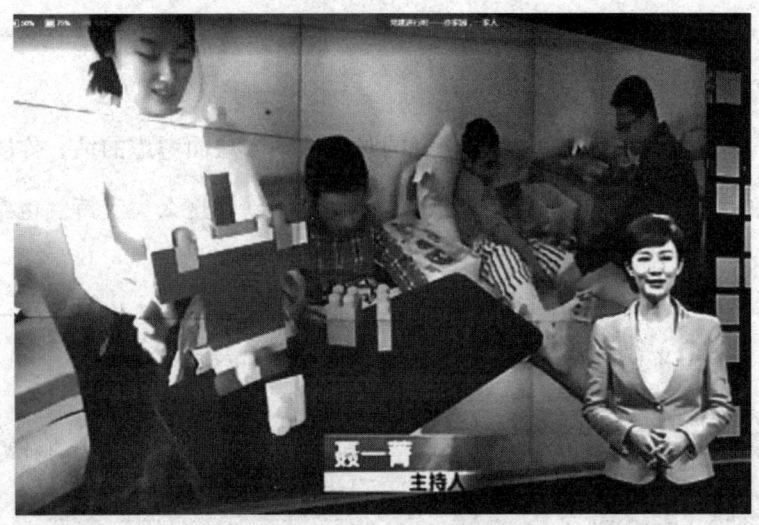

红色亦站登上BTV新闻频道

问：那对以后的志愿服务模式有没有一个设想？

王站长：其实我们也在构思，以前做得不系统，最近做的最重要的一件事就是让大家注册"志愿北京"，先把架子搭好，今后活动的开展可以借助上级的力量，也可以看团工委的安排，更多的是我们自己自愿发起，带领企业一起走出去，先走出去，再引进来。活动的形式很多，不拘泥于给人捐赠东西，或者以后可以有多种形式，比如说搞一个知识讲座、去工商银行体验工作模式，这样又不收费用，大家又有所收获，我觉得这都算公益。

中建二局：聚是焰火，散也似星

中国建筑第二工程局有限公司是中国建筑股份有限公司的全资子公司，是具有国家房屋建筑、市政施工、钢结构、路基工程施工资质的大型建筑施工企业。其前身是中国人民解放军华东野战军步兵第99师，经过"兵改公"转为公司制。在志愿活动方面，中建二局始终秉持自己"拓展幸福空间"的核心企业文化理念，关爱员工生活，并带动员工将幸福播撒到自己力所能及的地方。2018年9月26日，我们见到了中建二局第一建筑工程有限公司的团委书记关书记，请他为我们分享中建二局的志愿服务情况。

◎既有志愿，也有任务

问：您能先为我们介绍一下基本情况吗？

关书记：我们这边是中建二局一公司，我是团委书记。因为我们公司是干工程的，项目相对比较分散。比如成都分公司，现在业务都开展到西藏和云南、贵州等。所以说我们单位的志愿活动是在组织的指导下去开展的。自己开展的活动也有一部分，但更多的是跟组织对接，开展一些类似的活动。

问：您先介绍一下自己开展的活动吧？

关书记：3月5日雷锋日，3月份整个月，各个项目是必开展的，这是我们公司的规定动作，我们会下文件的。有项目、有组织的地方，不管是分公司还是项目部都必须进行志愿服务。再比如我们工地上的年轻人喜欢对接农民工的需求，包括每年买票、双11、农民工购物，像这些举手之劳，包括参与一些马拉松服务活动等。

中建二局一公司成都项目部助力成都双遗马拉松赛

问：那你们跟组织对接的活动呢？

关书记：我们经常和包括团市委、团区委一起做活动，这些组织多是机关，他们人少一点，做起志愿来还是相对难点，我这边基础设施事业部、设备安装分公司等几个单位，每个单位出三五个人，就有20多个人，做一般的志愿服务就差不多。现在年轻人的积极性很高，愿意去对接。作为一个工作的年轻人，一年参与一两次的组织层面或者大一点的志愿服务，至少说得过去，对吧？反正现在就倡议他们，基本就是靠组织开展。

问：您这边有没有专门的志愿者服务队？

关书记：每个分公司有一个，我们总部这边也有一个，还是请雷锋班的班长给我们授的旗。实话实说，我觉得真正做事只要能抓到几个关键人物，就没问题。因为我们员工流动性大，当时成立的那三五十人，好多人都调离了。因为我们人员培养机制就是上下上下这种流动性，甚至还有调去其他单位的，所以说这个志愿服务队更多就是有个传承。

中建二局一公司上海分公司成立"砼心圆"青年志愿者服务队

问：目前集团的在职员工有多少？

关书记：中建集团目前大概有30万人，中建二局有27000人，中建二局一公司有6000人左右。35周岁以下的年轻人，大概有3200多人吧，28周岁以下是1200多人。

问：那算上您刚才说的这种流动性，这个志愿者服务队大概有多少人？

关书记：每年我会让公司新入职的员工，成立一个志愿者服务队，志愿服务有个带动性，我说有15个袖标给15个志愿者，让群里人报名，没想到一会儿工夫就报了好几十个，尤其刚毕业新来的，谁都不想掉队，是吧？后来基本全报名了。具体就是入职培训的新生军训，男生女生都得去，就是想磨炼一下意志。军训的时候，上午天气凉快一点，可以训练，下午天气热了，就讲一下企业文化和规章制度。今年军训的时候就捡了操场上的塑料瓶子、挂个条幅，有什么事都找志愿者。一共15个志愿者，7天军训，一人负责半天正好，其实不是为了让他们做事，就是让他们知道这企业不光我做事，还要有一个志愿服务的意识。

问：那这些人他们是自愿报名的，还是你们分配任务？

关书记：我们都有微信群，用微信群通知，自己报名的也有。比如自愿报名的，就不用通知，如果人不够再通知，比如设备来3人、技术来5

人，给他们下任务。做志愿服务，更多的是团口年轻人的事，也算是群众基础加上组织力量吧。我们经常去园博园组织志愿活动，北京团市委或者其他单位组织的。像这种活动我不让直接报名，都是分配指标的。即使有福利，也是我直接分配指标。包括九三大阅兵这种大型的活动，有时局里让我招200个志愿者，就是直接分配指标。这是一个严肃的事，这种志愿服务是要确定具体名单和人数的，谁掉链子都会影响正常工作。

问：员工去做志愿服务的话，离岗这段时间有没有工资补贴之类的？

关书记：一切照常，你只要是代表企业去做事的，是组织的要求，就和平时在公司工作一样。其实我们都还挺重视，包括对我们团委建设这一块，所有待遇也都有考虑。比如你是项目经理，还兼着书记工作，会考虑给点兼职类似的补贴工资，增加一点动力，光靠义务劳动长期是不行的，也是要有激励的。

问：那像你们组织这样的一些活动，之前有没有一些规划或者是策划书？

关书记：有，但我们的策划都很简单，比如议程、领导、简单的细节，不要长话套话，言简意赅。你可以自己写个报告和总结就可以了。

问：那中期或者长期的工作规划呢？

关书记：我们年初都有一个工作规划，都是提纲挈领的，很简单。比如我跟下级团委会下几个指标：今年实名注册志愿者100人，志愿服务几次，今年得争创省级市级荣誉几项等。其实这个创优指标不是真正目的，但你怎么样产生创优，你必须扎实做，这工作必须得开展，你才有可能得到荣誉。你一年什么都不做，谁给你荣誉，谁知道你是谁，对吧？如果是去年得了、今年得了，以后还想得，就必须巩固。

问：我们会做项目预算吗？项目资金方面是怎么解决的？

关书记：比如说党费、工会经费、企业工作经费。平时做志愿服务是不花什么钱的,这也是领导最愿意看到的,不花钱做大事嘛。做这种公益,我们一研究也花不了多少钱,带来的社会效益还是挺好的。还有一点,就是比如我们同事谁生病了、有困难了,企业内部帮助比较困难的员工的方式就是捐款,也就几万块钱,最多也就十几万。但一般来说,因为员工多,所以我们这种组织其实还是挺强大,一年也许会组织一两次,受助的人那也真的是家里特困难。每人50~100元,假如有四五千人捐款,也有50万。

◎是压力,是责任,也是动力

问:您觉得企业为什么要做志愿服务呢?

关书记:我觉得有多重原因吧。比如这次广东的台风"山竹",我们深圳分公司也波及到了。首先让他们自己解决问题,第一时间通知他们,让他们走出单位,去街道上捡捡树枝、打扫卫生等。从某种角度讲,作为一个团组织的负责人或者项目负责人,他们现在都愿意去做这种事。从单位宣传的角度讲,企业也有这种需求,结合你的宣传,这就是一个热点,蹭蹭热点,去做事又成热点,一举两得。而且同在深圳,如果其他单位都做了,就你不做也说不过去,可以说企业内部我们就有这种无形的竞争。比如我的公司在深圳有团队,其他局也有,企业内部的机制也是一种无形中的动力吧。

中建二局志愿者积极参与救援抢险

问：企业内有一定的无形竞争？

关书记：对。另外一个就是央企的社会责任。多种原因造成了你就必须得做这个事情，你可以做一两件事；如果你再积极一点、资源广一点，你就可以做三件事。还有就是离不开组织的安排和指导，和开发区团工委闫书记，我们私下关系也好，组织关系工作配合得也很好，只要你说，我肯定是第一时间去安排。而且我们做了，一些荣誉也会替大家着想，这就是相辅相成的。

◎关爱留守儿童，亲情呼唤安康

问：您能跟我们分享一下具体开展的志愿服务的项目吗？

关书记：要具体说，我们今年做了一些什么，还真不少，包括我明天就要去雄安，我们对接了一个雄县的开口小学，有四五百个学生在学校，学校说湖北省副省长、河北省副省长都去过，给他们送了一批书。后来又有其他单位去了，给孩子们送了书包。这次是因为海淀教育局有个领导，现在雄县挂职教育局副局长，因为我们有一个雄安分公司和属地对接，河北团省委也在找我们。一联系都认识，就问我们愿不愿意去，我说企业做这事情，领导支持我们经常做这样的志愿服务。咱们送点书包给小孩子，讲讲企业的发展历程，给小孩子树立一些远大的理想。另外讲讲企业的困难，甚至给他们抛点学习任务。你好好学习，以后的企业虽然发展好，但也是有困难，需要你们这一代人去奋斗。简单地去十多个人，做个互动和赠送东西，主要是跟孩子们见个面，签个帮扶协议。我们这本科生研究生很多，甚至以后有需要，让我们同事去支教，一个人去1个月，教学问题都不大，现在年轻人都愿意干这样的事。我毕业早，工作快10年了，就是让我去，我也愿意，虽然没当过老师，但是有这种机会，大家积极性还是挺高的，而且工资照拿，又代表企业出去做事。当老师的梦想好像跟当军人一样，很多人都有。

中建二局一公司在雄安开口小学进行"爱心助教筑梦远行"活动

问：这边做的志愿服务，总结一下都有什么类型？

关书记：比如，地方一些赛事的组织，我们可以作为赛事的志愿者。当然这个也不一定说有求必应，如果工程比较忙，可能就没办法。像北京的一些大型的会晤赛事，我们也会出人，只是北京大型活动的选拔要求特别高，真的，我们报了十个八个，就能选上一两个，那也是代表企业吧。

问：这就是会议赛事的志愿服务？

关书记：对，还有一些就是看望孤寡老人的活动。包括我们关爱留守儿童，今年是连续第8年一直开展"亲情呼唤安康"，就是带孩子来上班。我们是把农民工的孩子带到北京来，因为好多农民都是云贵川的，家里相对贫困一点，虽然不能全接过来，把一部分孩子接到工地，跟父母团聚一下，也是很好的。我们做这事挺早的，关爱留守儿童优秀案例里面还有我们的事，也获得过很多奖。当然得奖不是我们的初衷，做这事的初衷就是你自己得有个品牌。2017年跟全国总工会联合做的活动,来了四五十个孩子,在北京七日游夏令营,住在吉利大学,去了故宫、人民大会堂和长城,也去了国旗班参观。

还有一点,就是我们的助学帮扶类活动,包括慰问一些考生,帮助高三的学生第一年上大学,资助一部分学费,就是至少先让孩子能上大学。这次张北我们补助了20个学生,补助了一中的前20名。也有一些学生家庭条件相对好一点,就当奖励嘛。

中建二局一公司开展亲情呼唤安康活动

中建二局一公司助学张北县第一中学优秀毕业生

问：那有没有利用我们企业独特的优势去做的事情？

关书记：可能因为我们干这行业，比如驻村属地，会给有些人家修路。修些小路就是力所能及的事。还有去检修学校或者维护一下。我们最主要的力量，比如深圳滑坡、地震等重大灾害的时候，肯定有我们出现。只要是社会需求的，就是大灾大难面前，我们这些年轻人，都不用我们发动，人家自己主动去做事。

中建二局一公司北辰A3项目开展志愿除雪活动

◎有责任心，工作也会尽力

问：做志愿服务想达到什么样的效果？

关书记：我们的效果就是把这事给做了，这也是央企的一份责任。只要是不伤企业的元气，只要你们年轻人愿意做的，领导都会支持。

问：对这些年轻人来说志愿服务能带来什么？

关书记：跟随团组织出去做志愿服务，对这些年轻人来说，更多的是出去开眼界，是一种格局的打开。另外就是培养一颗公益心，说白了就是要有爱心、有责任心，你在哪干都得有颗责任心，你才会尽力把事做好。

问：其实我们是挺支持年轻人走出去看一看的？

关书记：对，我们是觉得现在的年轻人不仅会工作，还得会玩，只要不违反规定，可以活跃一点。中建人还是挺爱自己的集团的，这是一种企业文化，还有就是我们有组织架构，层级没那么明显。上次中非论坛，我们去临城社区做社区维稳，培训了挺长时间，每天下午2点到4点巡逻。晚上我们就找个地方坐一坐聊聊天。我跟他们讲讲以前工作，也让他们说说大学做了些什么，他们能做什么。虽然我都认识他们，但还是希望了解每个人有什么优势、长处。从公司层面来说，我也是了解一下员工都能干什么，以后活动也能找到人。其实也是给他们互相认识交流的机会，本来可能聊工作，但我们这种组织活动可以随意聊一聊，自己想做的事。

问：中建的企业文化内容是什么？

关书记：我们集团公司最大企业文化的内容核心就是拓展幸福空间，我们企业的宗旨目标就是成为全球最具竞争力的投资建设集团，其实我们现在建筑领域的投资建设确实是全球第一。

问：您觉得参加这些志愿服务的人有没有什么共同的特征？

关书记：我没有直接考核过，也没做过调研，但我感觉这些人还是比较活跃的，很多确实发展挺好的。我说发展好不是因为他们跟我做志愿或者其他活动，他们本身在很多方面都很优秀，而且我们企业选拔人才门槛也很高。

问：那你们在志愿活动中有没有合作过一些其他的企业？

关书记：我们去山西太原，原来跟他们团省委不熟，后来我们的工作开展得多了，大家都成朋友了，然后就跟山西一建或者山西属地的公司一起去开展一些共建。以后在山西我们也会去帮扶一些对口扶贫，还有其他组织，就一起去给他们做点什么。

问：你们做这些活动有媒体宣传吗？

关书记：重大活动媒体还是很多的，我们跟一般媒体都有联络，人民网、人民日报、光明网、新华网等。前段时间我们跟民政部一起搞关爱留守儿童的教育,那是给农民工讲的,讲的是怎么跟家里的孩子沟通。中建集团在全国做了100场,我们这里是第一场。其实这个活动挺大,民政部和全国24个部委联合成立了部际联席会议室,也去找各个省的民政厅来做这个活动。

◎ 人员分散是最大的困难

问:你们开展这些活动,有没有遇到什么困难?

关书记:真正的困难就是我们企业的现状,人员比较分散,只能是点状点状地去做志愿,这个合起来做大事可能挺难做,比如说做个200人的中大型活动就很难。但是如果某一个地方特别重大或政治要求,我们也能做到。比如在沈阳举办省运会,需要200个志愿者,我也能做到,把三五个项目的管理人员一凑,所有人全去。就是代价高一些,也许停工一两天吧,或者半停工状态。如果时间允许,我就提前给民工培训一下,好多民工脱了工服都是社会青年!而且我们干工程的有季节性,比如这个季节正是施工的时候,天气冷了我们就会少一些施工。

问:其实大家内心还都是很积极和乐意参加这些活动的?

关书记:积极想办法,调动大家积极性。比如今天说去雄安学习,去那边看一看,谁去啊?积极的人去。反正一辆车就能坐几十个人,也通过活动选拔一些积极的人才。就是激励嘛,人都有个惰性。反正企业的活动是多种多样的,你把年轻人用起来,才能释放大家真正的活力啊,企业多种东西串起来了,你才能一呼百应。

问:除了"人"这方面的因素,您觉得还有哪些因素对于志愿服务来说很重要?

关书记:我觉得得有组织,这个"组织"是两个意思,一个是要有组织的人，一个需要有架构，还有就是你得靠思想说服教育，营造这种文化。现在有些人的价值观是不一样的，还是得靠教育，靠氛围的营造。

问： 确实很多时候，做志愿这件事也是一个价值观塑造的过程。

关书记： 对，我的主要工作就是去引导、去教育。还有需要领导的支持，单位负责人的支持。我们年初定的目标就是今年公司年轻人自我成长，走出围墙外，出去做社会公益，去对接各方的资源，扩大公司影响力。你只有走出围墙、进入社区，虽然是给公司打造品牌，但你最终也会结识自己的朋友和社会关系。你得考虑怎么去共赢，我们企业精神也是共赢。其实在企业干共青团工作，一般人都慢慢不愿意离开了，但是也必须得离开。这就是培养人的一个地方。

可口可乐：我们在乎，源于本身

中粮可口可乐饮料有限公司由中粮集团和可口可乐公司两家世界500强企业合资组建，是可口可乐公司全球前五大装瓶合作伙伴。中可饮料成立16年来，累计纳税超过62亿元，带动间接就业65万人，为所在社区的经济发展做出积极的贡献。同时，中可饮料积极践行社会责任，通过工厂节能减排、水资源保护项目将所用能源返还自然；在救灾、教育、妇女支持等领域长期投入，助力社区繁荣发展；推广积极健康的生活方式与观念，让上亿消费者从中受益。2018年9月27日，我们在中可饮料北京装瓶厂聆听了公共事务部主任兼团委书记张女士的分享。

研究团队访谈可口可乐

求义存利：企业志愿服务运作模式与最优实践

◎第一家拥有志愿服务队的装瓶厂

张书记：我先给你们简单介绍一下，我们公司叫中粮可口可乐饮料有限公司，我们公司的股东方，除了中可饮料以外，最大的股东就是中粮，还有一个是北洋国际，这两家企业基本上都是国企的基因更浓重一点，所以我们可口可乐的这家工厂，它是没有那种外资企业的股份的，因为我们的大股东中可，是中粮集团和可口可乐合资的，而且中粮控股65%是大股东，我们还是国企性质偏多。

问：北京这个分公司主要是做什么呢？

张书记：我们可以叫作可口可乐的装瓶厂，在全中国有45家像我们这样的装瓶厂，这个装瓶厂的意义就是有可口可乐的授权，可以生产灌装可口可乐的产品，可以销售带有可口可乐Logo商标的产品。除此以外，还可以在当地做相关的一些路演或者市场的活动，这就是我们的职能。但是在我们的这个职能中，有一个非常明确的地理划分，就是北京的厂只能在北京搞这些事情，北京生产的产品不能带到天津，因为天津也有厂，河北也有、河南也有厂。据我了解，可能在其他省市可乐的价格会比北京稍微贵一点。如果我们打破这个地理划分，把北京的产品销往外地，因为它便宜，虽然可以挣得更多，但会扰乱当地的价格，所以可口可乐在地理划分上有非常严格的要求。

问：咱们这边有自己的志愿者团队吗？

张书记：在我们公司里面，我们有自己的独立的志愿者团队，叫作可口可乐的红鹰志愿者团队——"红鹰队"，就是红色的红、老鹰的鹰，毕竟可口可乐是属于快销类的企业，所以我们对于所有企业的员工，执行力的要求是很强的。我们就选择鹰这种动物的象征和形象，还有可口可乐的主色调红色，这两个元素我们觉得很搭。在内部发起了一个投票，员工也觉得比较满意,就选了这样的一个Logo作为代表。

问:大概是什么时候有这个团队的?在"志愿北京"上注册过吗?

张书记:这支队伍是在2013年5月时组建的,所有的员工是通过自愿报名的形式,加入到我们的志愿者团队。我们并没有真正地在"志愿北京"做非常多的注册,总觉得自己是一个企业的志愿者服务队,可能做的很多事都是以企业为主体,团结的是我们自己的企业员工。如果在"志愿北京"上面发布我们的志愿服务活动,可能会有一些社会上的志愿者,或者外部的社会团体加入,那对于我们在组织上来说会有一些难度。所以我们还是会把这些志愿者团队的对象瞄准于自己的员工,初衷就是让自己的员工做一些好的、小的事情,然后去传播正能量。

问:咱们志愿服务队的负责人是谁呢?

张书记:我们现在是这个志愿服务队的负责人,这个队隶属于公司公共事务部,我们并非专职做这个,而且从个人的一些精力上来看,可能会不太好把控。

问:这个志愿者服务队的规模大概是多大?

张书记:2013年刚开展的时候,大概有190多名员工报名参加志愿者服务队。在之后的活动开展过程中,我们并没有要求必须加入志愿者团队才能参与活动。每一次的志愿服务活动都是面向于全厂,所有人都可以参与。在2013年到2018年这五年的时间里,大概10次左右的志愿服务的机会。要是论小时来说的话,每次至少2个小时。

问:每一个中可的装瓶厂都有自己的志愿者团队吗?

张书记:不是的,其实我们这个志愿者团队,可以说是集团下面的第一支企业真正的志愿者服务团队了。2017年开始,我们集团开展了一个"公益10月"的项目。我们每年每个月都会或多或少地有一些公益类的活动,但是在"公益10月"这一个月,集团的董事长会发出一个倡议,所有的装瓶厂都积极地响应。那在我们厂里,总经理也会积极响应这个倡议。其实从集团来说呢,平时就非常重视我们的志愿者活动,尤其是在"公益10月",各厂声音比较大。这个时候你就会觉得不是一个人在战斗,是大家一起都有这样的一个氛围。从去年到今年,我们还会继续做这种"公益10月"的活动。

问:咱们这边志愿活动投入的经费每年是多少?

张书记:因为这是我们的内部信息,可能没有办法完全告诉你,但是我可以侧面说一下,就是我们部门预算基本上一半都在做这种事情。我们只是一个小部门,但是一家公司一个部门的一半预算都在做这件事情,可以看出来,这家公司对于自己社会责任的体现方式是很重视的。

问:这个一半预算,这个部门指的是公共事务部还是您团委这边?

张书记:是公共事务部的,我们团委是今年刚刚换届,就是我们一个行政部门,一年一半的预算都在做这件事情。

问:公共事务部的主要职能是什么?

张书记:有一个形象可以分享给大家。你可以想象一下,这个形象有一颗爱心,左手拿着一个小喇叭,右手拿着一个灭火器,这就是我们公共事务部的一个形象。爱心就是指的公益活动,左手的喇叭是说我们有好事要宣传出去,灭火器其实是说我们是公共事务部,所以可能会有一些危机公关的事情,但可能在我们装瓶厂里面,一年这个灭火器也用不到一次,但是确实这块内容属于我们的工作。我们之所以把红心搁在中间,也是因为它是我们非常重要的内容。

问:您是团委书记,在公共事务部里也是担任职务吗?

张书记:我现在目前是公共事务部的一个主任,团委里的一些职务都是兼职的，因为我们是企业团委，可能工作没有这么多。但是我们工会那边，是有专职的负责人。

问：公共事务部在您企业里面属于什么层级呢？

张书记：就是我刚才提到过的叫职能部门，总经理是我们这个厂的最高的Boss，他下面会有几个职能部门，比如人力资源、财务部、销售部、资讯、供应链，还有内审、公共事务部。下面应该是分了七个职能部门。

◎做与业务相关的志愿活动

问：能不能跟我们再分享一下团队所做的具体的志愿活动？

张书记：志愿活动这一块，最初我们主要分为几大类，第一个是环保类，因为我们一直对环保类挺关注的，像我们最近一段时间，倾向性会在环保这方面比较多。因为在2016年的时候，公司和环保基金会开展了一个叫"就（旧）凭（瓶）你有用"的活动，"就凭你有用"这五个字还挺有趣的，旧瓶指的是我们喝完了不用的饮料瓶，尽管它是一个旧的瓶子、空瓶，对于我们来说它还有别的作用，所以我们就拉上了一家专门做这件事的公司叫盈创回收。可能你们会见过盈创的回收机。我们是瓶子的生产方，企业的责任就是给我们的瓶子找到一个安全的家。可能你们不太知道的是，饮用完的瓶子一般是把它扔到垃圾桶，然后被拾荒者捡走，而不是回到垃圾分类回收的垃圾站里。那些拾荒者会把旧瓶送到非法的小作坊里，进行分解，再次加工后做出不安全的旧瓶，只是看起来像新瓶。这种瓶子我们是不允许盛装食品或饮料的。但是实际上现在的法律可能会有监控不到的部分。尽管我们是生产者，也希望能够慢慢减少这种不安全的渠道和出处，所以我们就和盈创联合做了这件事。我把空瓶投到盈创的回收机里，盈创公司在顺义有自己的工厂，厂区里有一整套可以使瓶子进行健康、安全回收的生产线，最终回收加工出来就是塑料的碎片。这些颗粒可以去制作，比如说包或者一些衣服类的，就会避免再次做成饮料瓶的情况了。我们从2016年到现在一直在推广这个项目，这对我们公司和消费者来说，都更加有意义，所以在这方面的投入会更多。

可口可乐的来访者试用盈创回收机回收废瓶

问：为什么会选择做旧瓶回收呢？

张书记：因为我们除了做水，就是做外边的包装，如果去做一些和我们生产无关的东西，消费者或者外部看起来就会觉得很奇怪，作秀一样。这个旧瓶活动前面其实还有8个字，就是"我们在乎、源于本身"，这是我们主要的一个思路，源于本身就源于我们自己，所以就是除了瓶就是水。

问：就是又做了公益，也提升自身的品牌？

张书记：对，自己员工的话，他会觉得和自己相关，就会更有投入感。

问：除了环保类，还有哪些类型的志愿活动呢？

张书记：还有就是公益践行类，我们尽管是在做公益的事，但毕竟是企业，希望在我们做的事情里能够涵盖或者是带动我们商业的发展，所以公司每年都会做很多场的健步走活动。在健步走的活动中，我们会给消费者，除了传递赠饮以外，还传递我们这种快乐或公益的精神。与此同时，我们还会去联合一些基金会，类似于环保基金会或者是嫣然基金等去做公益的事情。比如说我们的参与者，他可以通过把自己的运动的步数捐赠给我们，可以按照步数兑换瓶装水，然后我们会把这个水送到所需要的基金会，以便运用到他们相关的公益活动中。

问：您刚刚在说践行类活动的时候，打算去涵盖带动商业发展的目的，如何实现呢？

张书记：就像我们今天给你们拿出来的可口可乐纤维+，这种产品它是一种新品，对于我们的消费者来说，除了在广告看到它以外，就是去售点才能发现。我们会有很多的推广，比如说在商场里的路演，推进消费者对我们新品的认知。健步类、跑步类或者是运动类的活动，也有异曲同工的作用。因为汽水类的产品在夏天非常解渴，至少会让你降温，它和运动其实非常搭，所以不光我们自己会做活动，比如马拉松等比赛，我们也会去赞助。因为做赞助的话，一方面是给直接参加马拉松的人提供服务，另一方面就是可以通过马拉松这样的大平台宣传新品，那可能比我直接去找媒体做广告的效果更好。而且大家可能觉得新品，更想去尝试。如果说这瓶赠饮已经在你手里了，你不用花任何的成本，就可以品尝，你觉得"还可以"，下次可能就会购买它，对吧？

问：您刚刚说的有环保类、公益践行类，还有别的吗？

张书记：还有类似于关爱帮扶类。最初的时候，我们会带着员工，跟天使妈妈和孩子们做一些类似于春游的活动。还有，我们和农民工有一个农民工打工子弟的协会，员工家里面可能不太需要的那些旧衣物或者是旧物品，我们去做一个回收，送到农民工的公益组织。去年，我们有对口到其他的省市去做一些爱心捐赠的活动。

问：这个关爱帮扶类的天使妈妈指的是？

张书记：能和天使妈妈结缘也是特别的巧妙，这个还是得益于我们之前的总经理对于社会事件的关注。他有一天在报纸上看到了这个内容，发现那的小朋友真的比较需要关爱，所以他就把这个信息分享给我们。经过了解，这些小孩的爸爸妈妈都是一些服刑人员，还有死刑人员，有的小孩就可能变成孤儿。而且那里不都是健康的小朋友，基本上都有一些重大疾病。这个天使妈妈机构，会把这些小朋友送到福利院，帮助做医疗救护，然后在保证他的健康状态之后，给孩子寻找领养家庭。我们跟他们初步做了沟通，那里长期都有一些爱心人士，也欢迎我们去，我们就带着员工去到那儿。除了带一些物品，比如文具、食物、日用品，让我们的员工和孩子们建立一种情感上的交流可能会更重要。第一次活动结束的时候，好多员工一出大门就哭了，我自己也挺感动的。我那时刚刚入职，对于部门究竟做什么，我还不是特别了解，和同事并不是很熟悉，但是看着平日比较严肃的男同事，没想到也会有那种温情时刻，抱着孩子笑得特别开心。我就发现做这种好事的时候，整个人就会有一种温柔的光辉，就会感觉特别感动和舒服。

问：这些活动也让你们员工之间有了更多的了解？

张书记：对，我觉得还挺好的。

问：像参加活动的时候，员工里做销售的比较多，他们参与的积极性高吗？

张书记：得看分类是什么，比如健步走类，他们会比较积极，因为销售绝大多数是男性，你说硬让那些大哥们去做关爱帮扶类的，有时他自己有点放不开。举个例子，大家可能知道暑假或两节期间是我们的旺季，在旺季之外，就是相对来说工作压力会比较轻松一点的时候，大家还是很喜欢做一些公益活动的。

问：你们有没有把志愿服务当作一些团建去做？

张书记：有一些部门是会这样的。我们部门不是专职做志愿服务，但是我们会有志愿服务的一些渠道，如果其他部门想做，我们会把手里的资源分享给他们。像桶水营业部的同事，他们有一次去天安门捡垃圾，这就是他们部门的一个团建，团建的内容就换成了个绿色环保的行动，我们也觉得挺好的。我们所有的践行类活动，都会非常积极主动地邀请公司员工去参与，我们公司人数有1200多人，将近700多人是业务团队、销售，平时他们都在路线上跑，能够做公益活动的时间都是周末。实际上他们的工作压力挺大的，周末更想和家人在一起。我自己一直认为志愿活动一定自己愿意，你自己愿意就来，千万不要强求。所以我们的活动都是大家主动，你自愿来，非常欢迎，我绝对不会说必须。

问：你觉得他们自愿参加活动的动机是什么呢？

张书记：有的时候大家不会想那么多，他们真的觉得这事不错，是好事，那我就做了。比如说捐赠旧衣这件事，可能他真的就是觉得衣物无处去消化，扔了也挺可惜，挺新的衣服没穿过两回，只不过不喜欢了，当然这也是做好事了，一举两得。

◎一切源于我们在乎

问：那您有没有考虑过公司为什么愿意费时费力做志愿服务？

张书记：其实是这样，我们的企业文化做得很好，企业文化里的内容包括"积极乐观美好生活"，这个是过去的。现在我们可持续发展里面有四个字叫"我们在乎"，可口可乐的企业文化非常简单，我们就觉得可以发挥我们在乎的力量，我在乎的不只是我个人，还有员工。比如说你进了公司以后，要走人行道，我们会给所有骑行的员工发安全头盔，希望上下班的路上注意安全，你自己注意安全也是对公司的一种负责。我们在乎的不仅是我们自己的员工，也在乎我们的客户、我们的消费者，我们再把它往外扩一下，在乎我们自己的社区。就像我们的公司，它是一家饮料公司，大家会认为我们的用水量很大，但实际上我们公司有一个自己觉得非常厉害的数据，就是单升饮料取水量1.2升，即生产1升的饮料，我们只需要1.2升的水。它并不是说是某个生产的环节，这是一个供应链平均下来的数据，为什么能做这么好的一个数据呢？这就得益于我们的供应链生产，比如说从瓶体的冲洗、到生产、到后期……我们会把生产废水进行回收中水处理。所以您现在所在的整个厂区的生活用水，全部都是中水。就是因为我们把所有能够节约的、有利于环保的东西都做到了，才能有这样的一个数据。我觉得因为有这样一个公益基因在，其实不止我们一家公司这样，从我们集团到可口可乐、中粮，还有我们总部中可，以及其他兄弟装瓶厂，大家都是这样的。这种传统由来已久，就应该这样做。

问：这也跟企业本身的性质有关系。

张书记：对，我们是一家饮料的生产公司，但是我们也认为我们是制造快乐的公司，希望把快乐带给所有人。

问：那像你们说在乎客户、在乎消费者，有没有跟他们相关的这种服务的例子？

张书记：我们不把它定义为志愿服务，但是在可口可乐的系统里，有一个自己的项目叫"520计划"，"520"是我们希望能够去找一种软性的东西打动我们的客户。因为我们和客户的联系，除了业务销售，希望能够做一些其他的事情，所以这个"520"项目，就是为了我们的客户，女性客户，给她们提供一些培训的机会。培训的内容并不固定，有时候就是请客户来公司参观，让她们把这里当家，回家看看可乐到底是怎么生产出来的，在可口可乐有哪些故事？你来我们这儿就一目了然了，而且有一种融入感，就是"你没拿我当外人"。在参观的过程中，我们会把一些东西讲给她。除此以外，还会针对她们做一些培训。我们的很多客户都是街边食杂店的女老板，多数是一些夫妻店，她们每天没什么娱乐生活，就是守着自己的店铺，全年无休的状态。所以我们会带着她们做插花，有的姐姐就说："说真的，我都没自己买过花。"我说："那你很厉害，自己插出了一个特别特别漂亮的花篮。"我没有想到做这件事真的能打动她们、感染到她们。至于怎么去销售，说实话很多人都有十几年的开店经验了，这些不用跟她们聊，但是我们能够给她们提供一些其他的信息，比如关于美、关于爱、关于教育、小孩培养等，我们可以发掘这些资源，跟她们进行互动，这样一来她们就不再是一个简单的供应商，而是我的朋友，所以我们的项目也助力到了销售一线。

可口可乐520创业培训

问：这些活动是不是公司层面甚至更高的层面，他们统一去规划，然后每个公司去执行？

张书记：公司每年会给我们统一的项目，但是装瓶厂要根据自己的当地特色去做，我可以给你们分享一下，我们企业有一个项目叫作"净水24小时"，说实话在北京没有实现过。比如某一个地点遭灾了，无论是水灾还是地震，我们需要通过自己系统的供应链的能力，让离灾区最近的有水库房的第一时间把水送到灾区，这是可口可乐和壹基金联合做的一件事。但实际上这个项目在北京一直没启动过，当然我们不是盼着出什么事，就觉得这可能是我们的薄弱，但是也没办法，至少我们平平稳稳、安安全全的。所以有的事情我们集团是统一规划，但是各个装瓶厂也得根据自己的部门去做筛选。

◎ 把志愿活动品牌化

问：北京分公司在志愿活动中有没有和其他企业合作的经历？

张书记：有的，企业合作可能更多的还是以健走类为主，因为它涉及的面很多，牵扯到不同的部门。2017年，我们在司马台长城做了"为爱同行"的活动，也是和壹基金一起做的。就是4个人组成一个小团队，去挑战32公里的长途健步走。如果成功了，就会以团队的名义捐钱给壹基金，壹基金会做一些公益项目。在这个活动中，我们也会邀请供应商、友好媒体和企业，来加入我们一起做。

问：在这种过程中，邀请了这么多合作方，他们有没有给你们带来一些什么？

张书记：我们主动邀请他们，一个是让他们融入我们，在这个过程中关系会越来越好，比如邀请了宾堡，我们出水、你出面包；比如维达、心相印出纸巾也是可以的。

问：这个践行类的规模一般是多大？

张书记：我们的规模不等，要看当时的规划是什么样，5000人的活动我们做过，1000人的做过，更小型的100多人的也做过。有的时候是我们自己发起，有时是我们跟合作方一起办。我们马上在10月份的时候会有一个活动，大概有3000人在奥森那边进行。

问：规模特别大的、三四千人的活动，那组织者是谁？

张书记：更多的是市场部在组织，但是我们会分工，类似于公益类的内容归我们做，但是更多的是市场部做，因为他们有更多的经费，还会有执行公司帮着做一些具体的搭建工作。

问：公益跟自己的营销活动搭到一起去做，既做好事又让自己有了收获。

张书记：对，就像我们在很多活动中，你们会看到可口可乐，它会有昵称瓶，我们在一些活动中也会投入定制机，大家在做公益活动的过程中，可以做一个自己的定制瓶。

问：咱们有没有规划一年做几次？

张书记：类似于你说的KPI，我们还真的没有特别具体，因为我们长期都在做，所以总部对我们还比较了解。我们都会有一些固定的活动，但是每个厂每年都会做超过5次的公益活动。

问：现在活动基本上已经做成一种品牌活动，每年都办吗？

张书记：对，因为我们觉得一个是擅长，如果去开辟一些新活动，需要付出更多的精力，也会有一些新的变化。实际上每年我们都会有一些新的尝试，但是会从小开始，看看它是否合适。

问：在做志愿服务的时候有没有遇到过困难？

张书记：有的，有的时候我们部门去做主leader，但实际上我们人还挺少的，整个部门总共才6个人，这还是我们队伍最壮大的时候。原来人最少的时候才2个人，所以你就想想吧。比如我们一年做10场活动，2个人做10场活动和6个人做10场活动，比较起来已经很幸福了。我们觉得把员工动员起来，让他们参与，但是他不认为自己是工作人员、服务者，这种心态还需要转变。

问：员工参加志愿活动公司会给一些补贴吗，还是说纯粹是自愿的？

张书记：其实是纯自愿的，我们之前有想过做一种折算，但是和人力谈了谈好像有点困难，所以我们会做一些纪念品送给他们，钥匙扣、定制罐，他们还是挺开心的。

问：这都是纯公益，一般都在什么时间？

张书记：基本上都是周末。

问：我们听下来觉得中可志愿服务做得还是很不错的，您认为做好志愿服务的关键点是什么？

张书记：在我们整体的大环境的氛围内，集团或者说领导，都是非常支持我们去做这种事情，所以这是很重要的因素，我们大的环境很好。另外就是说我们所有的员工都非常支持，他们真的是自己有爱心，想要去加入，这样我们自己去号召同事加入的时候也不会特别难。还有就是因为我们生产的是快消品，确实能够得到很多合作伙伴想要跟我们一起去做。我觉得可能是这三点吧，是让我们能够做起来非常重要的原因。

北京奔驰NGCC工厂：
平凡坚守，爱与担当

　　北京奔驰汽车有限公司是北京汽车股份有限公司与戴姆勒股份公司、戴姆勒大中华区投资有限公司联合组建的合资企业，于2005年8月8日正式成立。北京奔驰工厂位于北京经济技术开发区，具备年产10万辆汽车的生产能力。付哥是北京奔驰NGCC工厂中的一名普通的生产班长，但他热心志愿活动，自发组织同事们一起从事公益，靠一颗热诚的心在平凡的岗位上传递爱的力量。2018年10月11日，我们有幸采访到付哥和他所在工厂的团委书记，了解北京奔驰NGCC工厂与付哥的故事。

◎从参与者成长为组织者

问：您目前在这边担任什么职位呢？

付哥：生产班长。

问：刚刚带我们进来的那位同事，他的职位是什么呢？

付哥：他是工程师，也在我们NGCC工厂这边代理团委书记。

问：请您先大概给我们介绍一下做志愿服务的一些基本情况吧！

付哥：我就是参与过几次，一般都是作为青年驾驶志愿者，负责开车去接送。第一次是我们公司的中外汽车行业合资的年会；第二次是第八届圆桌会议,在中国大饭店,那是国家性质的;第三次,就是G20科技部部长会议。大型活动就是这几次,还有就是公司里的各个活动。

问:你们是有专门的青年驾驶志愿者团队吗?您是属于这个团队里的一员,所以一起组织?

付哥:对,我们工厂专门成立了一个叫"前程青年志愿服务队"。

问:组织者是谁?

付哥:公司组织,公司团委。

问:咱们工厂大部分工人年龄层次是比较偏年轻的吗,所以叫青年志愿者服务队?

付哥:对,年轻的话20岁,现在多数是20~30岁这个年龄段吧,30岁以上很少。

问:你们这个志愿队有没有在志愿服务的平台注册?

付哥:注册了。

问:你们都会不会记录时长?

付哥:现在好像还没有。

问:自己做也不上去记录吗?

付哥:嗯,不会上去记。

问:会在注册平台上发志愿信息吗?

付哥:不是,我们一般组织活动都是在工厂里边,我们有一个微信群,在群里通知。

问:一般都是书记来通知你们?

付哥:有时候是他组织,有时候是自发组织的。

问:自发的有什么类型?

付哥:快入冬的时候,公司组织围着工厂捡过垃圾,或者锄过草。

问：你们团委对志愿服务者有奖励吗？

付哥：每年有优秀志愿者的评选。

问：组织上对你们做志愿服务的次数有硬性要求吗？

付哥：没有。

问：那你有没有组织过？

付哥：组织过，去敬老院的。

◎丰富生活，开阔视野

问：您是如何从一个志愿活动的参与者变成组织者的呢？

付哥：比如你从事过，下次还有这种活动，你就算有经验的。在理论上总是先考虑有经验的人，去过的、熟悉的，慢慢就从一个参与者变成一个组织者。

问：您最初是为什么开始做志愿服务的？

付哥：见世面、拓展视野吧。第一次参加志愿服务的时候，初心就是想认识更多人，就觉得可以认识各种各样的同事，最开始是这样。因为干生产的工作太单一了，这算是用额外的时间去干点有意思的事儿嘛。

问：那你组织活动之前会不会写一些策划、做一些预算？

付哥：其实没有花钱的，计划的话要组织活动，会做策划，具体活动是哪种的形式，最后写篇报道吧，也就这样总结。

问：这个报道会发到集团里面去吗？

付哥：我们有自己的微信平台，就是我们工厂的，会发上去。

问：那你做策划的时候，有没有年度规划？比如说这一年给自己定个目标，今年要做多少次？

付哥：最开始想的是每个月都组织活动，各式各样的文体活动，就开始年初有一个目标。

问：你们做这些活动一般选择什么时间，工作日还是周末？

付哥：周末多，工作日的话是没有时间的，也不能占用工作时间。

问：公司里会不会因为你去做志愿活动，给你一些补助、调休之类的？

付哥：没有。

问：所以跟公司层面的要求其实关系不大，是你们员工自发的活动？

付哥：是的。

问：你组织一个活动，参与的人一般有哪些？

付哥：都是在这个团支部，一支部、二支部里找人，他们自愿来报名。

问：你觉得大家报名的积极性高吗？

付哥：挺高。因为工作太单一，每天就是在生产线上拿东西。出去做个活动，可以调节一下、丰富一下业余生活，视野也开阔。以前每天想的可能就是把这130辆车干完了，就这点事；现在参加活动多，就愿意更积极地去实现自己的价值了，就是我原来干130件，现在还能多干一点。

问：这么多人在一起做事，会不会觉得自己更团结亲密了？

付哥：有，以前每条线的人有可能就只认识自己的人，然后通过组织活动，整个车间的人都认识了。

问：有没有公司组织活动？公司来号召你们，大家一起去做志愿？

付哥：有，公司大型活动，工厂全得出志愿者。像上个月的马拉松也有北京奔驰的，每个工厂都会出一部分人。一个马拉松活动，它所有的流程环节都需要志愿者去干。

问：这种公司组织的大型活动，一年有几次？

付哥：大型的公司的活动，一年有两三次。

问：参加这种志愿服务活动，公司会给你假期去参与活动吗？

付哥：对，反正很少，一般的活动都在周六周日，有时候赶上工作日的时候，就是生产上能腾开人就去，还是尽量别影响生产。

问：你们在这个过程中，有没有跟其他企业的员工合作一起做志愿？

付哥：像刚才说G20科技部长会或圆桌会议，就是跟北汽集团各个工厂员工合作的。

问：集团跟其他公司联系，那你们跟他们平时交流多吗？

付哥：还行。

问：在跟他们交流的时候是不是也可以了解一下人家那边的工作，建立一些联系？

付哥：对。

问：你做完这些志愿活动，自己获得了什么？

付哥：就是视野开阔，认识的人更多，会影响到一部分人。最开始大家都抱着一种玩的心态去干，后来慢慢地参与到活动中就不是这样了。

◎ 经验略显不足

问：刚刚听付哥说您是这边团委书记？

书记：我是刚开始接手团委这方面工作，经验还是他比较多。我今年7月刚接手这个工作，只参与马拉松活动，其他的没什么经验，活动也都是我们徐书记一手策划的，我主要负责执行。

问：除了刚才付哥提到的青年驾驶志愿者，您了解到的志愿活动形式有专业知识的输出吗？

书记：我们的专业技能只是生产焊接，这个技术跟大众需求有点远。

问：您能分享一下在马拉松活动过程中您所做的工作吗？

书记：我主要就是协助团委的徐书记，因为主场就在我们汽车工厂，主要是协助徐书记完成马拉松的前期准备工作。比如说地点、人员、设备等这些需要的。一般都是他们提要求,我们去找设备,或者完成他们的要求。前期马拉松从地点选择路线规划,路线规划是徐书记他们先规划好的,然后告诉我。

问:这都是团委做的事对吧?

书记:对,他们在做事,我们主要是选志愿者、啦啦队,那个舞台的搭建都是我们做。这些都是徐书记他们找好第三方,我们给他提供一些协助,在什么时间、地点、需要什么东西,然后我们就去沟通协调。

问:您接到任务的时候,人员方面是一个怎么样的组织过程?

书记:我们都是以邮件或会议形式去沟通,比如说需要几名志愿者、需要几个啦啦队、需要提供什么场地和设备,我们通过一次次邮件的联络或者会议的沟通,汇报每次工作进展到的程度。通过会议来确认工作的进展,一直到完成。

问:那中间涉及到人财物,你觉得哪一环是比较有困难的?

书记:在团委来说,经费本来就不太充裕,所以说做什么事情买什么东西都要充分考虑清楚,因为我们资金是有限的。所以说这方面是最大的限制了。

问:那这方面会做预算计划?

书记:对,徐书记那边做规划,比如说马拉松队员的衣服、补给用品、第三方的舞台搭建、节目的服装道具、一些外来人员的服务费用、用车等,这些都要花钱。所以说在考虑每一个具体实施的时候,每一个小事情都涉及到钱了。你要资金充足的话,可以放手大胆地去做,资金不足的话,必须得每一个项目、每一个细节都要算清楚。

问:可是在我们看来奔驰应该很有钱,分给团委的很少是吗?

书记：对。

问：NGCC工厂这边有多少人？

书记：这边1000多工人，我们前驱车这边626人。工厂以生产为主，大多数都是工人。白领只有20多个人，其余的全是线上的生产员工。

问：那确实可以考虑利用业余时间多组织一些活动，丰富大家的生活。

书记：像付哥这样比较有志愿精神的比较少，本来一天的生产就比较累了，一般都回家陪陪孩子。像付哥这种周末去参加志愿服务的，在前驱车里边找不到几个。

问：那集团层面做的志愿服务的活动，比如他们去灾区捐款或者资助一些希望小学，公司内部宣传过这个吗？

书记：在我们的官网或微信公众号都有推送，但是我没参与过，那个都是股份公司团委带头，每年都会给贫困区的小学捐款。

| 求义存利：企业志愿服务运作模式与最优实践 |

亦庄控股：资源整合，彰显特色

　　北京亦庄投资控股有限公司是1992年经北京市委、市政府批准成立的市属国有企业，目前已经构建起"科技产业投资促进、科技创新成果转化、产业新城开发建设、智慧城市运营服务、城市公共服务保障"五大业务板块，创造性地探索出产业新城运营管理的全产业链模式。凭借平台优势，亦庄投资控股有限公司2018年5月联合其各个下属子公司成立了亦庄志愿服务大联盟，开始了在企业志愿服务方面更深层次的探索。2018年10月12日，我们与亦庄投资控股有限公司团委副书记、团委志愿委员兼志愿服务大联盟负责人的周书记进行座谈，了解这家企业在志愿服务方面的探索与实践。

研究团队访谈亦庄控股

◎ 资源整合的大联盟

问：请周书记先介绍一下基本情况吧。

周书记：亦庄投资控股也就是我们的母公司的团委，是今年5月9日才刚刚成立的。团委所有人都是兼职，我们每个人有一些自己的工作，我现在是属于集团下边的二级公司——博大建设，是集团下属的相当于五大板块中的房地产开发这一板块的，属于一个建筑企业。但是团委的工作也不能放，我兼职团委的志愿委员，算是我们志愿大联盟的负责人。因为我是做志愿的，好多事都是我来牵头，也相对比较清楚一些。但是我这边的局限在于因为5月9日之后集团才成立团委，也是刚刚开始做整个志愿服务大联盟的规划，还不到半年的时间。但是这半年也做了好多工作，咱们可以慢慢交流一下。

问：您介绍一下志愿服务大联盟的组织架构吧？

周书记：现在集团团委建立这个志愿大联盟，暂时是没有很多志愿者直接加入的，因为我们现在是集团，底下有好多二级公司，我们博大建设都是二级公司。现在说这个一级组织的就是大联盟，属于管理者，比如大联盟委员会的委员，主要是制定方案、联络一些社会资源、做顶层设计的、或者说服务大家的。其他二级组织，就是我们这个相当于是核心力量，比如说，我们现在是建立志愿服务队，"亦家园"爱心联盟、水务的"斑马鱼"，生物医药园还有"孤峰"等。我们现在每个公司基本上都是这种志愿服务队，然后加入到大联盟旗下。我们在"志愿北京"都注册了，注册的是一级组织，是可以吸收二级组织的。

问：那您这边其实是起到一个统领管理的作用。平台上现在注册的志愿者总数有多少？

周书记：就是我们团委，团员应该有百人左右，比如说像世界机器人大会，我们发布也是以35岁以下的团员青年为主来招募志愿者。现在不是所有人都注册了这个志愿者，但是会有一些潜在的志愿者存在。我们现在也是通过活动，比如说我们组织活动，你参加的前提就是你要先注册这个志愿者，如果只是发通知让大家注册，效果肯定不好，也达不到预期。所以我们就是通过活动来注册，现在有100多人，基本上都是通过机器人大会注册的。

问：公司的员工有多少？

周书记：集团加子公司全算，有3000多人吧，35岁以下的青年应该2000人左右。

问：大联盟整个集团志愿服务有没有一个比较长期的规划？

周书记：现在是初期，好多东西都是没有的。包括我们这个体系都是没有的，所以我们初期还没做计划，我们想今年年底肯定会做明年的计划，现在就是梳理一下大联盟怎么实施，比如组织框架、工作职责等，还有怎么运营大联盟，包括根据服务对象制定几个板块。

问：那您为我们介绍一下这几个板块？

周书记：第一个就是比较常规的一老一小，属于关爱服务；第二是专项公益的，相当于一些大型赛事或重要会议，比如说世界机器人大会，这些都算是专项公益的板块；第三就是社区服务。我们二级公司涉及水务、热力、置业、广告、网信，这些都跟社区的生活服务类相关，所以这块就会做社区服务项目，像以前大联盟没成立的时候，我们也有每年3月份志愿服务月走进社区。

问：那剩下的几个板块呢？

周书记：剩下的两个就是科普宣传和产业平台，这两个就是利用自身的平台优势，去做一些专业化的东西，区别于其他的志愿服务。比如说我们下周去敬老院做志愿服务，我们不是简单地给人打扫卫生、关心人家、跟人聊聊天。我们是带着平台上的企业去的,平台上生物医药的园区里,有做眼部检查检测仪器设备的厂家,我们就邀请他们一起合作。因为有一些在公司层面上已经有合作,所以说在私底下做一些志愿,人家也会愿意参加。我们还会带一些做血糖检测的厂家,可以给老人检查眼睛和血糖检测。木北的理发公司,也可以给老人免费理发,这些都是平台提供的资源。

问:您这边组织一次活动,大概是什么样的流程?怎么去通知他们?

周书记:我们就直接发通知,系统内的OA,也会用微信群。正式下发文件可能没那么快,微信群直接把通知一转就可以,我们这群里基本都是各集团的团干,由这些团干部再下发到各自的二级公司,再转到我们的各个支部。

问:咱们做这个志愿服务,有没有财务上的压力?

周书记:目前是没有的,每年集团都会给团口拨一定的费用,但是我们公司层面确实一分钱没有。其实我原先就提过,要通过其他的方式去做团青工作,比如说通过党建带团建,通过党口的支持,你要把活动围绕公司中心服务大局,结合公司的经营发展,对公司好的事,领导不会不支持的。在为公司做贡献的同时,你也把团的工作做了,还给青年人提供平台,促进青年人成长。

问:有没有一些例子可以分享一下?

周书记:比如说有一些活动,像我们每年的团日要去参观,就跟党日活动一起做。你们参观你们的,你们组织你们活动,我们组织我们的活动,大家一起去,活动一起弄。还有我们跟工会组织一些活动,类似文体活动。你出钱我出力,年轻人有精力、有活力,我有人可以给你组织一些事,比如做联欢晚会,我们来出主持人、做节目和策划,这些我们团委来做,但是场地费用、灯光费用、服装费用,工会就会负责。

问：这就是一个充分合作利用彼此资源的事情。

周书记：对，我们公司这边团的工作就是这么开展的，要跟党务和工会工作紧密结合在一起，这样就把一些资金问题解决了。我觉得就不要提钱，你把工作做好做强做大了，领导肯定会重视你的工作。

问：公司领导会对志愿服务提出要求或者看规划，提出建议吗？

周书记：当然有了。我们团委书记，会经常交流和座谈。党委方面，现在主管我们的集团党委副书记韩书记，也会经常跟我们交流，会针对性地听近期的工作开展情况。对下一步的计划也会给出一些指导意见，而且建议都很详细，比如说志愿者服装的样式、做纪念品要怎样设计等。

◎ 各有特色的志愿活动

问：最近半年都做了哪些具体的志愿服务？

周书记：从5月9日至今，去张家口三次。第一次是由"亦家园"发起的，也是大联盟旗下的活动，大联盟旗下加上其他的一些组织共同开展的，比如有木北、口腔、国学馆、武道等，都是物业下边的服务对象，大家一起去，给小朋友们理发、开展国学、武术的活动。

志愿大联盟走进张家口涿鹿县黄土坡小学

亦庄控股合作企业教学生国学知识和武术

问：那第二次呢？

周书记：第二次是跟李秘书长的"山花工程"组织的活动。开始说做一个捐赠的活动，有张家口的一个老年服务中心和一个儿童福利院两项。我们就考虑如果是捐赠，那就是捐一些冬衣。但是当时正赶上端午节，可以包点粽子，如果要买的话，我觉得意义不大，所以当时团委就想我们一起动手去包粽子。

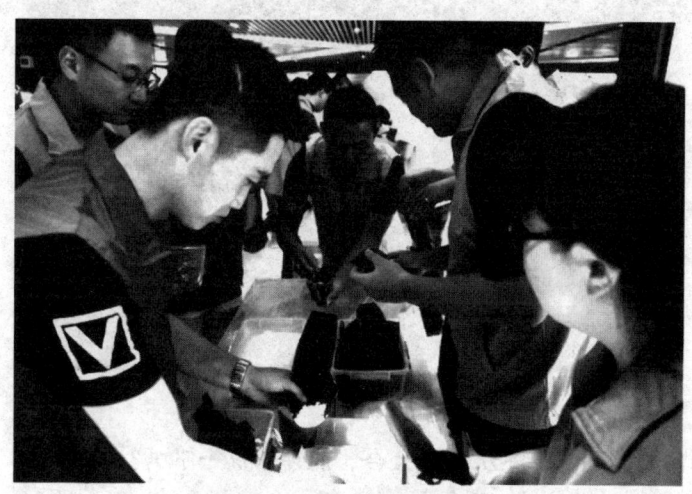

亦庄控股志愿者亲手包粽子

我们在总部食堂召集了几十名志愿者,买来一些材料,现场请了老师教,然后自己动手包粽子,晚上的时候就给它冻起来了,第二天早上带上我们募集来捐赠的衣服加上粽子就一起送到张家口,这是第二次。

第三次就是去张家口的这个小学,也就是下周。他们也是做了一系列的方案,比如教孩子们踢足球,组织一些文体小活动,跟他们沟通,有些小比赛,也准备了一些小奖品。而且公司集团内部也做了募捐,用这些钱给小朋友做一批校服。

问:这三次其实利用周围的资源和一些比较新颖的方式去做志愿。您也提到和很多企业有合作,在这个过程中,他们积极性高吗?

周书记:我们觉得还可以。现在很多企业是愿意做的,但是人家也不想单纯做公益,是吧?可能会有一些自己的想法,比如是不是能打一些品牌出去、做一个广告或者给自己拉一个横幅?那我们找一个平衡点,如果什么都不让做的话,以后再找人家做公益,可能会比较困难,所以我们一直在摸索这个平衡点。

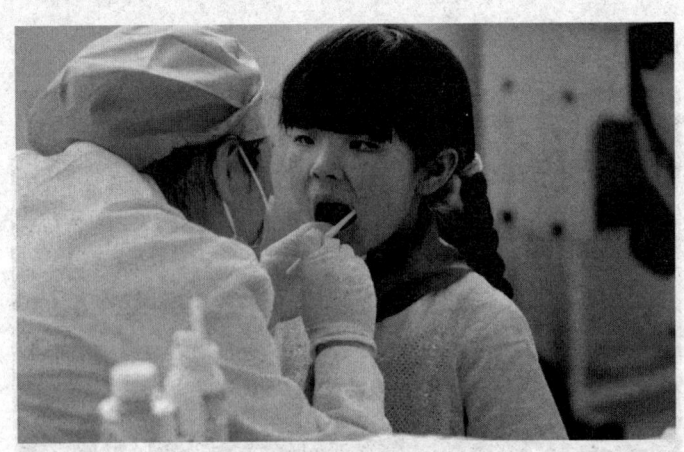

口腔医院为孩子们看牙

问:刚刚提到的世界机器人大会,能详细说一下吗?

周书记:2018年世界机器人大会是我们今年做的一个主要的志愿服

务，就是在亦创会展中心举行的。我们旗下有一个网信公司，网信公司主要是做网络保障、Wifi、智能化控制。活动为期5天，一共有150人次的志愿者参加了志愿活动，这是我们平台化、专业化的一个体现，也算是今年做的稍微比较大的一次活动。还有就是开发区足球运动会，也是我们自己组织的一次公益足球赛，以及跟香港青年的交流。这些都是一些小的志愿活动。

问：这些活动都是大联盟直接组织开展的吗？

周书记：有一些活动是从集团层面来组织的，比如世界机器人大会、张家口的活动。还有前几年去内蒙古、贵州的小学做共建捐赠，贵州有一个黎平一生博爱小学，就是我们捐赠的。

开拓热力进行"供热知识宣传进小区"活动

一些小的活动，都是底下的公司组织的，比如热力公司直接在小区介绍热力须知、知识、防范的注意事项等。每个公司都有不同的特点，都有一些小的志愿活动。

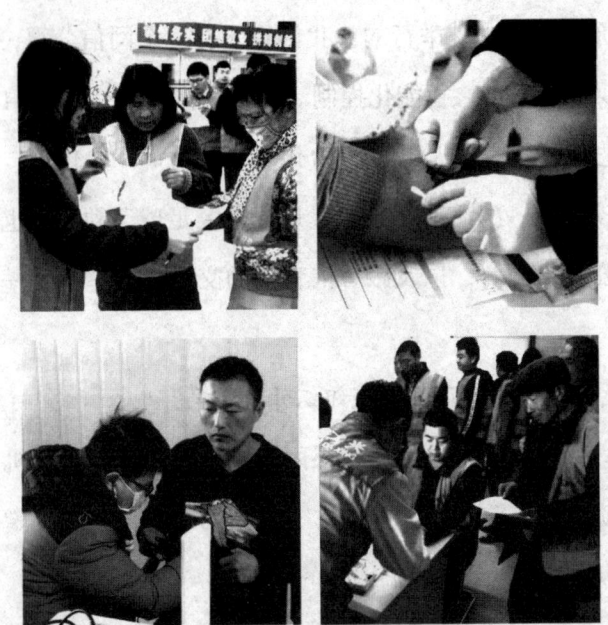

博大建设为农民工进行免费体检

我们今年3月份开始做义诊志愿服务,因为我们有好多农民工,他们是北京的建设者,平时有一些身体的状况,也没有那么的注意。所以针对这个情况,做了一个农民工的义诊,邀请大兴的中西医结合医院,给他们做一体检。比如中医、血糖,还有心电图检查,就是这些简单的项目,最后还发放了医疗包,这个效果还是挺不错的。这些并不是集团来要求你做的,都是公司自己发起的,每个公司都会搞志愿活动。这种小的活动有很多,有些都没往上报,我们也没收集。

博大水务"斑马鱼志愿服务"走进张家口

问：大联盟成立之前我们也一直做志愿服务的吗？

周书记：对，在大联盟没成立之前，我们集团一直做着志愿服务，比如说去内蒙古、贵州、河北张家口，还有包括区里的活动。志愿服务做了很多，就是没有一个特别系统的组织，所以大联盟的建立也是把这平台搭起来，更正规化一些吧。

问：有什么契机或原因促成了志愿服务大联盟的成立？

周书记：我们是国企，做这些志愿服务是无可厚非的，这是国企的责任感，都是必须做的。但是我们建立这个组织又不能说是强制大家去做，肯定是引导大家，让这些青年人逐步地加入到大联盟，他可能就会有一些身份意识，会带动身边更多的青年人投入到志愿服务工作当中去。现在志愿者不也是经常讲奉献他人、提升自我嘛。我们跟大家有一些交流，包括在"志愿北京"注册，这样会有一些积分，会记录时长，然后给你评级，再有一些安全保障、免费保险类的东西。

◎志愿服务日渐规范

问：现在是在"志愿北京"上注册的？

周书记：之前我们摸索过这个平台到底是以一个什么形式建立，包括这个平台后期怎么发展，我们也借鉴了好多其他的平台，感觉现在这个平台没有一个志愿者信息数据库，都是分着的。我现在觉得"志愿中国"不错，它的网站、App模式，还有积分都特别好。我还看过中国银行的，他们有自己的一套系统，也是发布招募的内容，但它的积分可以兑现实物，实物不是自己买来的商品，而是一些贫困户或者贫困地区生产的一些自己的产品。我觉得这就成为一个闭环，从你志愿服务积分，针对这服务对象做产品，把这个做成一个闭环，这才实现了精准扶贫。这个特别好。这也是我第一次做志愿服务，我希望达到的一个模式，但是比较难实现，人家可能是一个很庞大的团队去运营，我们目前还没有这么大的资源或者能力，所以就是说一点点来。

问：为什么最后选了"志愿北京"呢？

周书记：为什么我没选择志愿中国，而选择了"志愿北京"，最简单的就是你评选一些岗位能手、青年文明号，都是从"志愿北京"的数据库采集你的数据去做评比的。但这只是一个平台的问题。我觉得如果以后的志愿工作，能把所有信息都结合到一起，比如在哪服务、时长，都记录到信息系统里，这多好啊。干吗非要给它分得那么清楚，完全没有必要。

问：你们企业内部会评选或对优秀的志愿者有奖励吗？

周书记：我们现在也计划了，今年创立的时候，也做在方案，比如说每年"五四"的时候会评选志愿者明星。

问：所以员工去做这些就是自己志愿参与，公司也没有什么调休补贴吗？

周书记：没有，只有一些"志愿北京"的积分。世界机器人大会的时候，我们因为人数不太够，借助了外部资源，包括一些高中生和企事业的党员，跟他们聊天的时候，就知道他们类似高中、大学，每学期都会有一些相应的要完成的志愿时长，这就相当于有一个制度约束了。不管这是不是一个积极正面的吧，或者大家愿不愿意，但是确实能达到一定的效果。现在有的公司也是通过这种形式开展的，我们二级公司里边也有这么做的。包括京东，他们的配送小哥每年都有几个小时的志愿时长是必须要完成的，我觉得挺好的，但是要不要把这个放到制度里边，我觉得还有待商榷。

问：党团这边也没有什么奖励吗？

周书记：我们现在正在摸索一个推优入党，包括在职级上的推优，我们会给一些建议，或者说把这些人加入到储备人才。我觉得志愿，一个是自愿去参加，一个就是服务对象是自愿去接受，不能说硬对人家好，这也不行。

问：对，其实奖励这种东西是有两面性的。但是记录一下时长或积分，包括精神奖励还是有用的。

周书记：对，以前我们做那么多活动，没记录积分什么的。但是现在我们为什么要做这个事？比如说以后我们想参加大型的志愿服务活动，这种活动能展示你的企业形象，对吧？我们是希望通过平台的积分，做一些大型的公益活动，类似像中非论坛、APEC，甚至说以后的冬奥会，那我们就会有参与的空间。

◎希望能做"大公益"

问：这些大型活动对积分或者参与经历要求比较高。

周书记：因为我查过，像大型志愿活动，它会要求你百分百是党员团员，百分之百自愿参加，还有一个是百分之百参加过市级以上的大型志愿服务活动，其他的就是需要专业知识。我们现在除了机器人大会，还没参加过市级的志愿服务，甚至好多人都没注册。以后机会摆在你面前的时候，就参与不了。所以我们现在要做好准备，包括经常去张家口的志愿服务，也是为冬奥会做准备。先跟张家口的小学做好志愿服务，然后跟他们县团委做好共建，再到张家口市，这样才有可能争取冬奥会的机会。因为你在哪做都是做，如果能有利于集团发展，有利于青年人提高自身素质，就是一个很好的规划。

问：在做志愿的过程中，有没有遇到问题或者困惑？

周书记：我们原先一直在做关爱活动，以后还是会继续做，这是很重要的一部分，现在不也提倡在相关的节日对相关的人员进行志愿服务嘛，我觉得还是得讲究仪式感。在这种背景下，一老一小的关爱活动是主要去做的，但不能只做这些。一定要找其他的突破口，看看能不能利用专业知识，找到切入点，这是我们现在思考的问题。

问：确实要做好志愿基础性和专业性的一种平衡，但怎么做专业性的志愿服务还需要我们来共同探讨。

周书记：还有一点，之前北京市的一些大型会议，会去挖掘一些志愿者，但是我们并没有收到相关消息。可能因为我们没有跟团市委对接上，以后慢慢通过一些活动，我们努力跟团市委对接，让他们觉得"你们的志愿服务开展得不错"，这样我们就会进入他们的志愿库里。

问：如果能有这种机会，对这边发展还是很好的。

周书记：对，要是能参加到团市委安排的一些活动，才能释放专业知识。我们有自己的物业公司，他们是专门做接待服务或会务服务的，都是很专业的人才，而且我们是国有企业，要有社会责任感，现在有好多非公企业，也是很有社会责任感的，对公益活动很看重。

问：在整个推进过程中，作为组织者遇到过什么困难吗？

周书记：困难的话，我觉得是在资源或者调动大家积极性上，还有一些欠缺。有时候活动好，可能会吸引很多人去参加；有时候可能你个人觉得很有意义的活动，但是大家并不一定有兴趣。还有就是带动跟引领作用，比如我们现在刚成立，刚开始做志愿服务可能比较困难。做了几次志愿活动之后，大家参与进来有经验了，可能就会更愿意参与。比如最初去张家口，刚开始参与的人不是很多，也就十几个人。后来他们看到这些孩子就有了同情心和爱心，第二次参与的人就会多起来，就有这种带动作用。但是我觉得比较慢，或者说这是局限。我们在想有没有什么方式，会调动更多的人主动去参加。

◎什么才是好的志愿活动

问：您知道为什么大家对一些好的项目不感兴趣吗？

周书记：时间是主要原因。大家确实工作很忙，比如我们公司层面发了通知，征求大家参加一个活动，但是你要去跟部门经理请假，经理还是会考虑你手中的工作是否完成了，这就会有一些不可避免的冲突。

问：参加活动之后有没有给员工带来一些改变？

周书记：不同的活动收获不一样。比如去张家口的学校，大家表现出了爱心，看到那里的孩子就说要捐钱捐物；比如包粽子活动，大家全都自觉发朋友圈，觉得挺有意思的；还有机器人大会，我们做的小翅膀，相当于打个广告，大家都说自己跟维秘似的，都发朋友圈，也算是志愿服务。因为被周围的同事和朋友看到，这就是一个引领和带动，也是员工自豪感的体现。你的活动搞得好不好，如果好多人都发朋友圈，那就说明做得还不错，大家挺喜欢的。

问：这的确是一个挺有意思的标准，我们也在思考什么样的志愿服务是好的志愿服务。

周书记：对，就是你做一些有意思的活动，大家可能参与感会更高一些。把有意义的事情做得有意思，比如包粽子、机器人大会，我觉得挺有意思的，同时又有意义。

京东：赋能公益，价值共创

京东——自营式电商企业，旗下设有京东商城、京东金融、拍拍网、京东智能、O2O、海外事业部及京东公益等。1998年成立至今，京东在企业不断壮大的同时，在社会公益方面也是大力投入。2018年10月26日，我们有幸邀请到京东的马总和赵经理，为我们介绍京东的志愿服务体系。

◎ **快递小哥第一时间参与救灾**

问：请您先介绍一下京东志愿服务的情况。

赵经理：活动基本上分三种：一种就是总部全年会组织一些统一的志愿者活动；二是在不同的城市和区域都有志愿者分会，也有分会层面上自己组织的活动；第三种就是员工个人的兴趣，参与的一些社会上的志愿服务。

第一种，我们会从集团层面考虑，包括自己的企业文化，在推动企业价值观的落地形式上，我们会选择一些主题。比如做环保方面的服务，我们会选择在集团层面上开展旧衣回收的活动，把活动的具体执行方案推送给不同的分会组织和同事，然后他们在自己的区域组织大家开展活动。

区域则会结合不同地域的性质和文化风俗，或者员工自己的诉求，开展一些活动。比如华南区做的中秋节走进社区的福利活动，他们购买一些月饼，去探望一些老人。

如果是个人的话，活动会比较多，主要根据个人的兴趣和特长：有些是大型赛事的志愿者，有的是做咨询或管理的，就专门去为一些公益组织做咨询管理，或者是发展战略方面的志愿服务，有些工程师就专门做网页，或者其他比较有专业性的志愿服务活动。

京东物流华南志愿者"情暖中秋，与爱同行"公益关爱行活动

问：有没有公司层面运用京东的一些独有的知识或专业技能，做一些比较有意思的志愿活动？

赵经理：我们物流的一线人员比较多，大概有七八万的一线同事，他们都是特别淳朴的员工，专业更偏向分拣、物流。如果有突发性的应急灾害发生，京东集团会在第一时间，把我们自己仓库里的物资捐赠出来。京东作为一个企业参与救灾，相当于是一个民间的救灾力量，这时候我们不管是运送物资的员工，还是专门做物资分拣的同事，都是志愿服务的行为。他们利用休息时间来义务做这个事，我们也没有给他加班工资或者其他奖励，比如他们会驾驶车辆往返于受灾地和仓库之间，同事会帮专业的NGO组织进行物资的打包和分拣，他们比一般的救援人员更专业，效率会更高，运输的经历也会更丰富。像我们在西南地区，经常是有灾害发生的，我们有一位司机从2008年开始，参与了救灾的活动，他做志愿服务的经历，可能都有十多次了。就是利用自己的专业能力来参与救灾，这是我们的一个典型案例。

京东物流运输车队将救灾物资送往前线

问：在京东的社会责任报告里将利益相关者分为了六类，志愿服务的内容还是主要体现在社区和环境方面，对于其他几类利益相关者，我们有没有一些服务他们的志愿活动？

赵经理：我们做的一些志愿服务，有时候会邀请用户跟我们一起来参与。比较特殊的是我们很多一线的员工，本身就是城市外来的务工人员，他们本身就是我们特别需要关注的一类人群。我们很多时候去帮扶的，可能就是一线同事的孩子，他就在打工子弟学校里面。其实从这个角度来说，也是对员工的一个志愿服务的活动，去帮助一些员工的家庭。

问：京东是怎么定义自己的志愿服务的？

赵经理：不管是公司组织的，还是员工个人的，做的不管是活动还是项目，只要是对他人或社会有意义的，我们都觉得算是志愿服务。

问：京东总部有志愿者服务队吗？

赵经理：我们这边有个总会，职能更多是偏管理形式，因为很多业务没有分公司，比如京东金融，员工就是偏金融服务行业的，总部就在北京。那些员工就组成了京东金融的一个志愿者分会，自己运行在北京的一些活动。

问：这个工作党团有没有人员参与进来？

赵经理：有。有的活动会跟党建的活动结合在一起，尤其我们的这个汇报关系，我们党委书记就分管社会责任的工作，还有扶贫工作。

问：有没有在"志愿北京"或者"志愿中国"上给志愿者记时长或者积分？

赵经理：我们内部有一个这样的系统，没有在外部的网站登记。系统上更多的是报名和签到的一个功能。统计时长更多是线下，做一个Excel表来统计。

◎志愿服务具有战略意义

问：志愿服务在京东是被放到了一个战略的层面，那请您介绍一下，它是怎么样融合到企业战略里的？

马总：一方面我们确实有"精志计划"这个"志"，整个京东有17万人，是特别有责任做公益活动的。而且这种公益的志愿者行为无时无刻不在发生，包括我们组织过的十几次救灾。这些快递小哥，在非常危险的时候送快递。他不管多晚会第一时间去救灾，不管灾害的不确定性，都会把东西从仓库里分拣出来。这是我们组织的，包括日常。平常的时候，他们也做了很多见义勇为的事。比如，在小区送快递的时候，帮助客户给孩子喂奶，客户家的门锁了、从二楼爬下去帮着拿钥匙，帮客户救火，还有见义勇为抓了强奸犯，公安局给奖励了。另外，我们也陆陆续续组织一些志愿者活动，但是因为京东企业太大，17万的员工，所有的公司在全国8个地方，我们也在摸索，做一系列的志愿者活动和组织。还有，就是我们跟人资的一些制度结合，我们每年是有4个小时的员工带薪志愿服务假期，可以从制度上来提升他们的积极性，陆陆续续搞一些有特色的活动，比如一线支援618、双十一去站点支援、搬货、送货的志愿者服务活动。所以我们是把它当成一个非常重要的组织部分，让他们身体力行去做公益，做一些志愿者活动。所以我们觉得志愿者是一个特别重要的资源。

客户为京东小哥见义勇为行为送来锦旗

问：那是什么原因让你们把它当作一种组织部分，甚至在企业层面的战略政策上面去做一种推动？

马总：在企业层面做这种事情的一些思考和管理的时候，要把这个事情做大，所以就是你需要去激励、约束这些人，从活动的吸引性上满足这些人的需求，看他们的需求是什么，这个活动的本身设计、时间保障、激励包括最后的表彰，就是一个的机制性的建议，这是要慢慢形成一个体系。

问：在提高参与者的积极性上，除了奖励和带薪假，还有什么样的举措呢？

马总：还有一些宣传的方式，包括内部的线上宣传、线下评奖、证书等。真正去做志愿服务的时候，大家还是比较看重赞同或者精神的寄托，包括自身的一种体验，也是增强京东内部员工各个部门之间的交流。

问：这种激励的制度是怎么制定的？

赵经理：我们有几个奖励，一个是奖励志愿者个人，这种个人就是到年底按照各区域自己来提报。评选的是比较宽松的，没有特别的严格。我们也不想占用大家特别多的时间和精力，按照志愿服务时长、他的积极性、典型性来提报案例。然后我们总部跟分会的会长一起评选，还要评选优秀的志愿者团队、优秀的志愿者分会。最后物质奖励、精神奖励都会有。

京东公益地区分会年底表彰大会

问：现在京东里志愿服务归哪个部门？

赵经理：我们是CPU体系，就是在公共事务部，我们属于社会责任部门。

问：社会责任部门在集团里面属于一个什么样的层级？

赵经理：就是集团的一个一级职能部门。

问：还是比较高层的一个部门，那应该能够参与到企业的一些战略决策当中？

赵经理：没错。

问：那在参与战略决策的过程中，部门担任着什么样的角色？

赵经理：我们这个部门，因为有几块职能，一方面就是企业社会责任方面的战略，会统一整个集团的CSR的战略，包括我们集团的各个业务板块及其公益方向；一方面负责企业员工的志愿者协会，包括全年的志愿服务的一些领域和方向；另外，我们也承担了运营企业的公益基金会的职责。

问：公司的CSR战略是什么？

赵经理：每个集团都需要来履行社会责任，不同的集团有不同的业务特长，还有自己企业的文化价值观。具体的一些方向，就包括救灾扶贫、教育环保、关注妇女儿童等，我们会基于企业的价值观和优势，来制定一些战略的方向，这也是我们每年最重要的一些价值的提炼。

问：那这些价值观是怎么体现到志愿服务活动当中的？

赵经理：比如京东的这种价值观叫"正道成功"。最早我们业务就是承诺不卖假货，一定是正品行货。刘强东觉得企业的最大价值是要创造最大的社会价值。那志愿服务相当于是利用我们员工个人的时间和经验，去创造社会价值的一个方式。我是这么定义的。这种正道成功或者是走正道或者是创造社会价值，本身就是通过做志愿服务体现出来的。不管你是做环保类型的，还是为社会解决一些社会问题，这些都能体现。这本身就是京东的价值观。

问：你们怎么做到让每一个员工心里都有这个价值观，都愿意去做的？

赵经理：文化部门的同事也会来参与，他们会做很多价值观的宣导，也去做一些价值积分的内部调研，然后有一些激励，把文化价值观的考核放在管理者的KPI里面。那志愿服务可能很多层面上对于文化的同事来说，就是帮助价值观落地的一个很好的形式。所以是我们会跟文化部门的同事一起来讨论和执行。

问：志愿活动很多时候会跟员工部门的业务或时间相冲突，你们是怎么来解决这个问题的？

赵经理：每个团队都希望有团队凝聚力，也会组织团队建设，那团队建设就可以志愿服务的方式来做，这也是团队建设的一个途径，很多团队就选择团队建设做一个偏公益或志愿服务的主题。

问：京东参与志愿服务的人数和年龄层次，有过大概的统计吗？

赵经理：每年大概10万人，京东普遍员工的年纪大概是二十七八岁。

问：平时组织活动是怎么通知和管理志愿者的呢？

赵经理：我们肯定管不了十多万人，一般会设立机制，我们有一个志愿者的管理群，有每一个志愿者分会的会长，还有一些部门的代表。我们会组成一个管理群，一起来商量关键的决策，包括每年进行年度的志愿者表彰，还有今年的志愿服务的回顾以及下一年的开展计划。

◎员工成长，公司受益

问：在开展这些活动当中，你们获得了什么呢？

赵经理：对于我来说，最基本的是一项工作；对于集团来说，参与志愿服务，能让每个人都有机会为社会创造一些价值，就是让他把自己的一些特长或技能贡献出来,在帮助别人的过程中,获得成就感。从这个方面也能让他更好地意识到在京东工作的一些价值;从员工层面上,我们也会调研,大家很愿意参与这样的活动,甚至因为参与这种活动,离职率会更低,大家可能会觉得更有归属感。这里还有更多的激励措施鼓励大家来做这些工作,整体的工作氛围会让人更有归属感和荣誉感。

问:那公司层面?

赵经理:对集团来说,离职率更低或者是集体的归属感,管理者会觉得这个事情是有价值的。从老板层面上来说,他希望整个集团都能够为社会带来更多的社会价值,希望更多的员工通过公司的组织,激发个人对这个事情有更多的热情。那大家对于京东或者这个集体会更认可。

问:有没有跟其他部门或者企业、机构组织一起合作志愿活动的经历?

赵经理:我们跟立邦合作,带着一些自闭症的孩子去涂墙。我们在上海的一个公园,那里有一面白墙,图案都是孩子们先设计好,我们的员工志愿者和立邦的志愿者,和孩子们一起来完成绘画。立邦是做涂料行业,他们本身有自己的优势和特长,同时他也是我们的供应商,是我们商业上的合作伙伴。通过这个活动,既能达到共同宣传的目的,也能拉近我们跟合作伙伴的关系。

京东公益与立邦为自闭症孩子开展"人生万花筒"公益活动

问：政府对你们有什么样的帮助吗？

赵经理：帮助挺多的，有一些政策上的支持。现在也有一些项目上的政府补贴，或者试点的补贴。

问：他们有没有给你们提要求，或者希望你们做什么样的公益，希望你们做到哪种程度？

赵经理：我觉得是大家一起来协商，看能够解决到什么程度。就拿扶贫来说，这就是政府的政策，每个部门都有指标。北京也有对口支援的一些地区，但京东又是北京的企业，他希望京东能做一些事情，共同达到目标。然后我们来履行社会责任，也是我们应尽的一些义务，政府也可以帮助企业做一些宣传。

国家扶贫办与京东集团签署电商精准扶贫战略合作协议

◎物爱相连，赋能公益

问：能分享一下2018年京东做得比较有特色的活动吗？

赵经理：今年4月23日世界读书日，当时我们发起了"童书乐捐"的一个项目。我们发现全国可能70%的贫困地区的儿童，只拥有全国10%的儿童读物。通过前期的调研，就在想怎么发挥自己业务上的优势，能够解决一下这个问题。然后我们就发起了这个活动，募集到二手童书，利用我们的物流网络，送到偏远地区的一些学校去建图书角。当时我们的老板娘，也是我们基金会理事，她通过自己的影响力在社交网络上发声。正好当时也是京东文学奖的评选和颁奖，在这个平台上能够让更多的像莫言、鞠萍姐姐等人来发声，让更多的人意识到这种问题。最后募集到了20万册的图书，支持了超过200所的乡村学校去建立图书室。我觉得这种项目不仅发挥了一些闲置资源的再利用价值，同时也让更多乡村的孩子享受到阅读的快乐吧。

问：员工有参与进这个项目吗？

赵经理：有的，很多一线的员工，日常要做物流、送货。他每次上门去揽件时，发现要捐赠的图书可能比他要收的货物还要多。书都特别沉，收10本书，可能就10公斤，还有上下楼。但是很多小哥觉得这个活动特别有意义，可能这一车拉不完，就牺牲掉休息时间再拉一趟。这中间有很多小哥给我们反馈，他是很愿意参与这样的活动。因为他自己的孩子就在农村，没有特别多的读物。我们在10个城市做这个活动，有全国累计超过2万名的一线小哥，参与到这个前期的回收图书的项目中来，后端还有很多小哥在参与运输，甚至到我们合作的公益组织参与义务分拣的志愿服务。

问：这个捐书的体系，是通过京东的"物爱相连"平台进行的吗？

赵经理：对，平台上也会发起一些项目来捐衣服或者捐一些毛绒玩具。

问：这个系统推出来的时候，公司层面有没有想达到怎样的预期效果？

赵经理：从我们的角度来说，希望发挥我们的一些优势去解决问题。我们最早调研发现主要有两个问题，一个就是现在所有的公益组织在采购物资的时候，要经过特别多的一些流程，它先要去募集资金，再选择物资品类，还要选择供应商、对比商家，还得去招标，然后再去找物流公司运输。如果量不大，它的价格就高、物流成本也高。最重要的是浪费了特别多的人力成本在里面。而京东有自己的物资，也有自己的物流，我们可以把这种优势结合起来，去赋能给一些公益组织，就能提升整个行业的工作效率，这是我们最希望解决的一些问题。

京东携手同心互惠打工子弟学校为学生捐赠旧衣和图书

京东还有一个优势，它本身是一个消费平台，面对这么多消费者，能不能去更多地发动消费者来参与到这些公益项目？你可能在上面买东西的时候，看到了一个公益项目，如果有1%的人参与其中，那个量级就特别大了。所以我们联合很多公益组织一起来合作，在平台上上线项目。后来我们又发现，有很多消费者他有闲置物资，可以把一些旧衣服、玩具捐出来，我们又做了二手类型的回收，这也是物资捐赠的一个类型方向。

问：之前京东和何穗等一些大牌明星联手做了一个帮助流浪猫流浪狗的活动，这个活动您能跟我们分享一下吗？

赵经理：大概是把快递箱做成一些流浪猫舍，买了一些猫粮狗粮。现在是互联网时代，明星都能带来关注和流量，越多人关注，对于企业来说做这个事情的动力就越高。另外，流浪猫狗这个事情我们也做过调研，就是年轻人特别喜欢和热衷。

京东公益启动"给TA一个家"流浪动物冬季关爱行动

问：为什么京东会提前去做调研呢，包括那个图书捐赠还有流浪猫狗？

赵经理：我们做调研比较方便。我们本身就是平台，有很多的数据能积累下来。上线这种项目，可能为宠物类型的项目捐赠猫粮狗粮的时候，我发现特别快就捐完了，特别多用户参与到里面来。我们在后台分析用户画像的时候，发现都是偏年轻人的，从这个数据我们就比较容易就得到分析，或者是能够有一些量化的结果。我们在开展一些项目的时候，需要投入市场费用，如果有调研的数据能够支撑这件事，那项目就容易通过，公司也容易批钱。

问：就是选择什么样的项目，要提前做好预期？

赵经理：对，因为你还要跟其他部门一起来合作。像市场部来找我们说今年想做一个偏公益类型的市场活动，那我们需要有一些数据支撑，可以推荐几个方向来做这件事情。

问：那事后有没有一些评估？来评估自己的这几项活动有没有做好，有没有做到自己预期的效果？

赵经理：会有一些数据，每次活动之后我们会复盘，看看用户的反馈，看看原来的数据有没有达到，然后跟其他的商业间的数据做一些对比。然后一些用户参与的线上活动，我们可能会更多去评估活动的效果、用户的参与和用户的反馈。

问：社会效益和经济效益呢？

赵经理：社会效益和经济效益，我肯定会评估。那经济效益可能对于企业来说就是它可能从市场端，大家看PV、UV、点击量，还有一些投入产出。那从社会效益来看，不同的项目评估的维度不太一样，有些可能看这个项目的筹款量，有些看这个项目影响的人群、人数，社会价值的评估维度不太一样。

◎是问题，也是机会

问：京东在环保公益方面也做了很多，能不能跟我们分享一下？

赵经理：环保角度，我们更多是从企业的可持续发展的角度来考量这个问题。我们部门最理想的状态就是，未来所有的企业在做出一个业务决策的时候，会同时思考三个方面——社会、环境和盈利的部分。就这三块，如果说两块都能做得到，那就是我们可以做的事情，但有一块可能会有一些负面或产生一些负面影响的话，我们就会思考是否要开展这个业务。刚才说到的环保，我们也是从三个层面来思考这个问题。首先就是我们自己企业在经营业务的时候，会不会对环境造成影响？那我们本身就是一个电商企业，产生最大的社会影响就在这个快递箱上，不管是"双11"还是"618"，我们卖了这么多产品，我们也可能给社会造成了很多纸箱垃圾，那这种东西该怎么去处理？所以我们就想减少胶带的使用，创新更多的循环包装的材料，然后去做纸箱的回收，是从企业的经营层面上来做的。

问：对，其实企业很重要的就是先从自身找一些问题。

赵经理：对，那第二块，我们想仅仅只有我们一家来做，它远远不够。我们的影响力,随着业务做得越来越好,影响力也会越来越大。我们是不是能够带动上下游的合作伙伴一起来做这个事情?因为很多合作伙伴在做供应链上的时候,也会产生这种污染。所以我们在跟企业的合作上,我们可能想很多办法,像一些企业跟我们供货,会要求他减少二次包装的使用。比如宝洁的一箱洗发水运过来,我们就用原封的包装给消费者送货。所以你看很多的包裹上,就用对应的宝洁的Logo。还有我们共同设计一些循环的包装,这种包装运过来之后,再循环回去,这在供应链的层面上可以节省特别多的包装,缩小环境的污染。

第三块就在于公益环境的倡导层面,就是我们面向消费者,会把一些环保的理念传递给消费者,如果每个人的思维上有一些改变,整个社会的环境问题可能就会解决很多。像我们在倡导大家去做一些旧衣回收、过期药品的回收上,我们甚至可以是补贴的,或者是花特别多的市场费用让大家免费预约小哥上门回收这些闲置的物质。这个就是作为他第一次参与不要随意丢垃圾或者把闲置物质循环利用起来的第一步骤。每个人养成习惯,都是从第一步开始,那有这么低的门槛机会,我们就希望说所有的消费者能够跟京东一起来做这个事情。

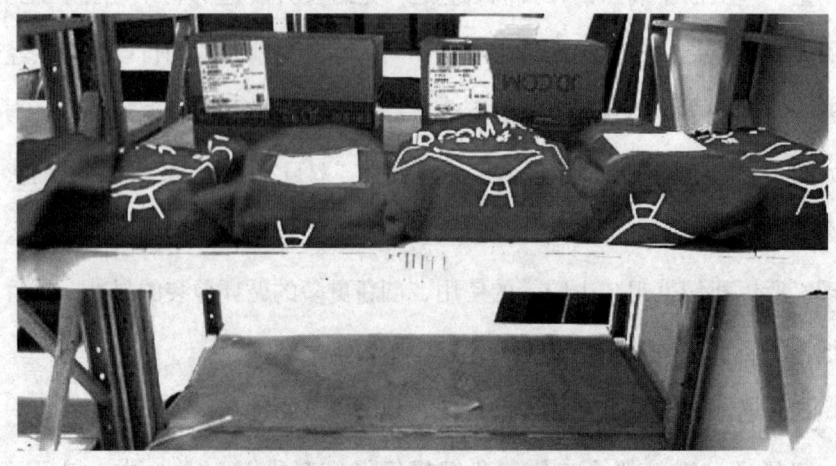

京东循环包装袋包好的商品整齐地摆放在自提站点

问：活动过程中有遇到什么困难吗？

赵经理：困难也有，就拿旧衣回收这个事情来说，你知道我们体量特别大，开放这样一个活动，可能一周时间内，活动就约满了。京东来补贴这个事情，费用也是有限的。这种东西就是需要有更多的资源，一起来整合来做的事情，然后有更多的合作企业，有一些政府的资源来支持。这可能就是现在遇到的一些困难。

参考文献

[1] Rodell J B. Finding meaning through volunteering: Why do employees volunteer and what does it mean for their jobs? [J]. Academy of Management Journal, 2013, 56 (5): 1274-1294.

[2] Rodell J B, Booth J, Lynch J, et al. Corporate volunteering climate: Mobilizing employee passion for societal causes and inspiring future charitable action [J]. Lse Research Online Documents on Economics, 2017: amj. 2015. 0726.

[3] Berg B L, Lune H. Qualitative research methods for the social sciences / [M]. Allyn and Bacon, 1995.

[4] Organ D W. Organizational citizenship behavior: the good soldier syndrome [J]. Administrative Science Quarterly, 1989, 41 (6): págs. 692-703.

[5] Penner L A. Dispositional and organizational influences on sustained volunteerism: An interactionist perspective. [J]. Journal of Social Issues, 2002, 58 (3): 447-467.

[6] Porter M E, Kramer M R. Strategy and society: the link between competitive advantage and corporate social responsibility [J]. Harv Bus Rev, 2006, 84 (12): 78-92.

[7] Porter M E, Kramer M R. The competitive advantage of corporate

philanthropy. [J]. Harvard Business Review, 2002, 80 (12): 56.

[8] Yin R, Thousand S. Case Study Research: Design and Methods (4th ed. [M]. Blackwell Science Ltd, 2009.

[9] 段旭、胡三嫚:《组织公民行为的研究:三种视角的分析》[J].科技与经济,2016,29(03):70-74。

[10] 葛建华、苏雪梅:《员工社会化、组织认同与组织公民行为——基于中国科技制造企业的实证研究》[J].南开管理评论,2010,13(01):42-49。

[11] 顾琴轩、王莉红:《研发团队社会资本对创新绩效作用路径——心理安全和学习行为整合视角》[J].管理科学学报,2015,18(05):68-78。

[12] 贾兴平、刘益、廖勇海:《利益相关者压力、企业社会责任与企业价值》[J].管理学报,2016,13(02):267-274。

[13] 姜雨峰、田虹:《利益相关者压力对企业社会责任影响研究——一个调节中介效应模型》[J].苏州大学学报(哲学社会科学版),2015,36(02):110-118。

[14] 李健、陈传明、孙俊华:《企业家政治关联、竞争战略选择与企业价值——基于上市公司动态面板数据的实证研究》[J].南开管理评论,2012,15(06):147-157。

[15] 李文茜、贾兴平、廖勇海等:《多视角整合下企业社会责任对企业技术创新绩效的影响研究》[J].管理学报,2018,15(02):237-245。

[16] 林筠、韩鑫、张敏:《结合型与桥接型社会资本对双元创新的影响》[J].科学学研究,2017,35(10):1557-1566。

[17] 刘远、周祖城:《员工感知的企业社会责任、情感承诺与组织公民行为的关系——承诺型人力资源实践的跨层调节作用》[J].管理评

论,2015,27(10):118-127。

[18]柳士顺、凌文辁:《群体组织公民行为对工作奉献与离职意向的影响》[J].软科学,2012,26(04):96-100。

[19]潘春玲、张晓红:《国内企业志愿服务发展模式探析——以北京几家跨国公司为例》[J].嘉兴学院学报,2016,28(01):79-83。

[20]王晓巍、陈慧:《基于利益相关者的企业社会责任与企业价值关系研究》[J].管理科学,2011,24(06):29-37。

[21]王雁飞、朱瑜:《组织社会化与员工行为绩效——基于个人—组织匹配视角的纵向实证研究》[J].管理世界,2012(05):109-124。

[22]王忠平、李颖、周海倩:《中国企业志愿服务的十大发展趋势》[J].青年探索,2017(05):41-47。

[23]徐光、张雪、李志刚等:《基于虚拟社区感知与社区参与动机影响的社会资本与组织公民行为关系研究》[J].管理评论,2016,28(07):213-225。

[24]罗伯特·K.殷:《案例研究:设计与方法》[M].重庆大学出版社,2004。

[25]于洪彦、黄晓治、曹鑫:《企业社会责任与企业绩效关系中企业社会资本的调节作用》[J].管理评论,2015,27(01):169-180。

[26]张爱卿、吕昆鹏、钱振波:《企业社会责任形象与员工工作满意度及组织公民行为的关系》[J].经济管理,2010,32(08):86-92。

[27]张广玲、易澄、胡琴芳:《企业社会责任行为与渠道冲突:社会网络资源的中介作用》[J].华东经济管理,2015,29(04):1-9。

[28]张麟、莫申江、陈宏辉:《国外员工志愿服务研究回顾及对中国本土研究的启示》[J].管理学报,2015,12(08):1248-1254。

［29］张倩、何姝霖、时小贺：《企业社会责任对员工组织认同的影响——基于CSR归因调节的中介作用模型》［J］.管理评论，2015，27（02）：111-119。

［30］张四龙、李明生：《组织道德气氛对组织公民行为的影响：组织认同的中介作用》［J］.管理评论，2013，25（11）：85-94。

［31］张燕玲、张晓红：《企业中志愿者对志愿服务的认知状况调查》［J］.北京城市学院学报，2013（05）：17-21。

［32］张振刚、余传鹏、林春培：《企业履行社会责任对员工工作满意度的影响——组织情感承诺为中介变量》［J］.经济管理，2012，34（03）：76-84。

［33］北京汽车集团有限公司：《2017北汽集团社会责任报告》［R］.北京汽车集团有限公司，2018。

［34］京东方科技集团股份有限公司：《2017京东方（BOE）企业社会责任报告》［R］.京东方科技集团股份有限公司，2018。

［35］鸿海精密工业股份有限公司：《鸿海精密工业股份有限公司2016企业社会责任报告书》［R］.鸿海精密工业股份有限公司，2017。

［36］鸿海精密工业股份有限公司：《鸿海精密工业股份有限公司2017企业社会责任报告书》［R］.鸿海精密工业股份有限公司，2018。

［37］可口可乐中国：《我们在乎：2014-2016年可口可乐中国可持续发展报告》［R］.可口可乐（中国）饮料有限公司，2017。

［38］王忠平、陈和午、张永敢等：《中国企业志愿服务发展报告（2017）》［R］.和众泽益志愿服务中心，2017。

［39］王忠平、孙孝文、喻雨田等：《中国企业志愿服务发展报告（2018）》［R］.和众泽益志愿服务中心，2018。